D1545581

YOGA-SUTRAS

« *Spiritualités vivantes* »

PATANJALI

YOGA-SUTRAS

*Traduction du sanscrit
et commentaires par
Françoise Mazet*

Albin Michel

Albin Michel
■ *Spiritualités* ■

Collection « Spiritualités vivantes »

Traduction française :

© Éditions Albin Michel, 1991

A Gérard Blitz, sans lequel ce livre n'existerait pas.

Il avait des sutras une compréhension intime et profonde qu'il savait admirablement nous faire partager.

Je lui suis infiniment reconnaissante pour cette porte qu'il m'a ouverte sur la vie.

INTRODUCTION

Il est difficile de situer très exactement le Yoga-Sutra, mais, que Patanjali ait existé en tant que personne, ou qu'il représente un courant de pensée, que ce soit deux siècles avant notre ère ou quatre siècles après, l'enseignement du Yoga exposé dans les Sutras codifie une pratique traditionnelle d'une très grande ancienneté.

Le mot Sutra, en sanscrit, désigne le fil du collier et, par extension, le fil conducteur d'un raisonnement, d'un exposé. Il évoque aussi les perles du collier, et désigne alors les 195 aphorismes qui constituent le traité. On parle donc aussi des Yoga-Sutras.

Dans tous les enseignements spirituels en Inde, existent ces résumés, sortes d'aide-mémoire destinés à être appris par cœur et expliqués par le maître, leur brièveté les rendant souvent difficilement compréhensibles sans commentaires.

Si on ajoute que le sanscrit, la plus ancienne de toutes nos langues indo-européennes, ouvre, pour chaque mot, un large éventail de sens, on comprendra que la lecture du Yoga-Sutra ne peut se faire qu'à la lumière de la pratique, celle-ci éclairant celle-là et vice versa. C'est tout le sens du mot Svādhyāya, qui est à la fois étude des textes sacrés et connaissance de soi.

Traduire et commenter le Yoga-Sutra, c'est seulement en donner une vision parmi d'autres, fruit de sa propre expérience de l'état de Yoga. C'est pourquoi il m'a paru important de donner pour chaque terme le ou les différents sens, afin que chacun puisse, au-delà de ma traduction — qui ne peut être que mon interprétation —, trouver la sienne à partir du texte tel qu'en lui-même...

Par souci de simplification, je n'ai pas jugé nécessaire de donner le texte dans l'alphabet sanscrit, et j'ai choisi la transcription simplifiée, assez phonétique.

Je ne suis pas non plus entrée dans les détails de grammaire, laissant inexpliquées les terminaisons d'un même mot, par exemple, Yoga au sutra n° 1, et Yogash au n° 2, le premier étant le thème pur dans un mot composé, le second étant affecté de la marque du nominatif indiquant que le mot est le sujet de la phrase. A part quelques exceptions, j'ai donné, dans le mot à mot détaillé qui permettra au lecteur de se référer plus facilement au texte initial, le mot non affecté de sa terminaison grammaticale.

Le message

Cet ouvrage obéit à deux exigences :
— mettre en valeur le fil conducteur et la composition ;
— éclairer, en relation avec la pratique, ce qui, pour nous, actuellement, paraît essentiel dans la lecture des Sutras.

En effet, depuis des millénaires, la pratique du Yoga a pour but la liberté : se libérer de la loi du Karma ou loi de la cause et de l'effet, se délivrer des entraves de la condition humaine, devenir un Jivan Mukta, un éveillé vivant. Le quatrième chapitre des Sutras [1] développe l'ultime étape de ce chemin de transformation.

Pour nous, Occidentaux, le message des Sutras me paraît davantage résider dans la relation avec les autres, qui passe par la relation avec soi-même.

L'immense richesse de ce texte est utilisable au quotidien, dans notre vie physique et psychique, personnelle et relationnelle, et constitue une ouverture privilégiée à la vie spirituelle.

Avec un souci du détail permanent, Patanjali explore l'univers psychomental et nous donne un moyen simple, concret, merveilleusement efficace, pour devenir plus conscients, plus vigilants, plus aptes à vivre chaque instant dans sa plénitude.

Patanjali développe sa pensée de façon typiquement indienne. Elle n'est pas linéaire, conformément à la logique occidentale, mais revient plusieurs fois sur un même thème pour l'élargir et l'approfondir. On pourrait dire qu'elle s'exprime en spirales, comme l'énergie elle-même.

Et pour mieux la faire passer, il fait appel, comme dans tous les textes sacrés, à des images : celle de la fleur de coton, symbole de légèreté, ou celle de la digue de terre dans le champ labouré.

Or, là où il y a image, il y a sensibilisation, donc, encore une fois, interprétation.

---

1. Le Yoga-Sutra est réparti en quatre livres ou chapitres, les Pādaïs : Samādhi Pāda ; Sādhana Pāda ; Vibhūti Pāda ; Kaïvalya Pāda.

AVIS AU LECTEUR

Le Yoga-Sutra est un texte inspiré. On ne le lit pas comme un roman, on le consulte, on le savoure, dans des moments privilégiés qui deviennent une méditation.

C'est pourquoi j'ai essayé d'écrire comme je guide mes séances de Yoga, au rythme de ma respiration naturelle lorsqu'elle est apaisée.

C'est pourquoi j'ai choisi de présenter les Sutras comme des poèmes, chacun d'eux rayonnant comme un joyau.

Peut-être serait-il profitable de lire ce texte à haute voix ?

TRADUCTION
COMMENTÉE

SAMĀDHI PĀDA

Le premier chapitre, « Samādhi Pāda », nous indique la direction. La finalité du Yoga, c'est le Samādhi, cet état déconditionné dans lequel, enfin libre des automatismes de comportement et de pensée, on peut faire un avec la vie, en acceptant que tout change et se modifie.

Il nous montre les moyens pour y parvenir, les obstacles, et nous dit comment nous pouvons supprimer ces obstacles.

Il nous décrit ensuite les différents stades du Samādhi.

→ *Ouverture un peu solennelle du traité.*

I.1. Atha Yogānushāsanam.

« Maintenant, le Yoga va nous être enseigné, dans la continuité d'une transmission sans interruption. »

atha : maintenant
yoga : le Yoga
anu : de façon ininterrompue
shāsanam : enseignement

Ce sutra d'introduction nous dit comment le Yoga se transmet. « Maintenant », dit Patanjali. C'est dire qu'il s'enseigne à celui qui est prêt, disponible, motivé. Et il se transmet selon une chaîne ininterrompue, de maître à disciple.

Importance de la motivation, caractère initiatique de cet enseignement qui plonge ses racines dans un passé aussi lointain que les textes sacrés les plus anciens : les Védas.

→ *Définition du Yoga. Voie à suivre. Argument clef : lorsque la périphérie s'apaise, notre Centre se révèle.*

I.2. Yogashchittavrittinirodhah.

« Le Yoga est l'arrêt de l'activité automatique du mental. »

yoga : le Yoga
chitta : conscience périphérique, mental
vritti : agitation, modification, perturbation
nirodha : arrêt, interruption

I.3. Tadā drashtuh svarūpé avasthānam.

« Alors se révèle notre Centre, établi en lui-même. »

tadā : alors
drashtar : voyant ; témoin
svarūpé : dans sa propre forme
avasthānam : le fait de s'établir

Patanjali nous donne un moyen : arrêter l'agitation automatique du mental.

Et il nous dit d'entrée de jeu quelle est l'extraordinaire conséquence de cet acte apparemment si simple. En nous libérant des automatismes, le Yoga nous révèle notre capacité d'être. Cette conscience profonde que Patanjali appelle Drashtar, celui qui voit, c'est le Témoin immobile, permanent, qui nous fait participer à l'énergie cosmique, au-delà de notre incarnation matérielle.

Qu'on le nomme Drashtar, l'Atman, le Soi, le Centre, c'est une richesse commune à tous les hommes, source d'amour, de vie, de créativité, que, pour la plupart, nous cherchons à l'extérieur, alors qu'elle est en nous.

→ *Que se passe-t-il si la conscience périphérique
ne s'apaise pas ?*

I.4. Vrittisārūpyam itaratra.

« Dans le cas contraire, il y a identification de
notre Centre avec l'agitation du mental. »

vritti : modification
sārūpyam : assimilation, identification
itaratra : autrement

Comment ce Centre, qui est immobile, permanent,
peut-il s'identifier avec la conscience périphérique,
essentiellement instable puisqu'elle est reliée aux
sollicitations extérieures par l'intermédiaire des
sens ?

Comme un diamant qui reflète la couleur du
support sur lequel il est posé. Au lieu de rester pur et
transparent, il se teinte. On peut imaginer qu'une
humeur passionnelle, violente — colère, indignation
— va le colorer en rouge, une humeur sombre —
peur, dégoût, découragement — le colorer en noir.
Le langage populaire est éloquent : voir rouge, avoir
des idées noires.

La conscience profonde va refléter ces états changeants de Chitta, le mental au sens large, et le
monde change alors à nos yeux. Il n'est plus
l'expression de la réalité mais celle de notre subjectivité. On s'identifie à cet état passager, comme le
conducteur d'une voiture peut s'identifier à son

véhicule, un homme riche à ses richesses, un homme puissant à son pouvoir.

On ne se rend pas compte de cette identification : un mental agité fait écran, comme une eau agitée empêche de voir le fond, et le mental ne peut pas connaître le Centre parce qu'il est d'une tout autre nature.

On ne peut qu'enlever les obstacles, calmer cette agitation qui fait écran.

Alors, comme l'eau calme laisse voir le trésor au fond de l'eau, le mental apaisé révèle notre Centre qui nous permet d'accéder à la réalité.

→ *De quelle nature est cette agitation du mental ?*
Les Vrittis ou les cinq modalités de la pensée.

I.5. **Vrittayah panchatayyah klishta-aklishtāh.**

« Les modifications du mental sont au nombre
de cinq, douloureuses ou non. »

vritti : modification, agitation
pancha : au nombre de cinq
klishta : douloureuse
aklishta : non douloureuse

I.6. **Pramāna-viparyaya-vikalpa-nidrā-smritayah.**

« Ce sont le raisonnement juste, la pensée
erronée, l'imagination, le sommeil et la
mémoire. »

pramāna : raisonnement juste
viparyaya : pensée erronée
vikalpa : imagination
nidrā : sommeil
smritayah : de *smriti :* mémoire ; souvenirs

I.7. Pratyaksha-anumāna-āgamah pramānāni.

« Les raisonnements justes ont pour base la perception claire, la déduction, la référence aux textes sacrés. »

pratyaksha : observation, connaissance directe, perception claire
anumānā : déduction
āgama : tradition
pramāna : raisonnement

Pour raisonner juste, il faut savoir observer, avoir une bonne faculté d'analyse, mais également l'humilité de ne pas se fier entièrement à soi-même et donc se référer à la sagesse des anciens.

I.8. Viparyayo mithyā-jnānam a-tadrūpa-pra-tishtham.

« L'erreur est une connaissance fausse non établie sur le Soi (qui n'est pas en relation avec la conscience profonde). »

viparyaya : erreur, conception fausse, contradiction avec soi-même
mithya : faux, de travers
jnāna : connaissance
a- : non
tad : cela, le Soi, la conscience profonde
rūpa : la forme
pratishta : établie

I.9. Shabdajnāna-anupātī vastu-shūnyo vikalpah.

« L'imagination est vide de substance car elle s'appuie sur la connaissance verbale. »

shabda : son, mot, parole, discours
jnāna : connaissance ; *shabdajnāna :* connaissance verbale
anupātī : qui suit
vastu : substance, chose existante ; de *vas- :* habiter, être là.
shūnya : vide
vikalpa : imagination

Le mot n'est pas la chose.

I.10. Abhāva-pratyaya-ālambanā vrittir nidrā.

« Le sommeil avec rêves est une agitation du mental fondée sur un contenu fictif. »

abhāva : qui n'existe pas
pratyaya : croyance, conception, idée, expérience
ālambanā : fait de s'appuyer sur, point d'appui, support
vritti : modification
nidrā : sommeil

I.11. Anubhūta-vishaya-asampramoshah smri-tih.

« La mémoire consiste à ne pas dépouiller l'objet dont on a fait l'expérience de ce caractère d'expérience. »

anubhūta : d'expérience ; de *anubhū :* ressentir, éprouver, percevoir
vishaya : champ d'action, d'expérience, ce qui est accessible aux sens.
asampramoshah : fait de ne pas voler

Ce sont les cinq modalités du fonctionnement mental. Son utilité n'est pas remise en cause ; c'est un merveilleux outil tout à fait nécessaire.

Il s'agit simplement de le nettoyer de tout ce qui l'encombre et nuit au discernement. Alimenté par nos émotions, nos traumatismes, nos schémas habituels, nos interdits culturels ou génétiques, le mental nous entraîne dans la confusion.

Même sous la forme d'un raisonnement juste, il ne peut égaler la connaissance directe que permet le Yoga quand la pensée s'est tue et que notre Centre, délivré de tous ces bruits parasites, peut connaître immédiatement et dans sa totalité tout élément de la réalité, que ce soit un objet ou un être vivant.

C'est l'évidence, qui apparaît clairement quand plus rien ne vient brouiller la conscience.

Calmons l'agitation du mental ; il devient alors transparent, permet la relation avec la conscience profonde, source de vie, et la réponse devient juste, adéquate.

→ *Comment apaiser cette agitation du mental ?*

I.12. **Abhyāsa-vaïrāgyābhyām tan-nirodhah.**

« L'arrêt des pensées automatiques s'obtient par une pratique intense dans un esprit de lâcher-prise. »

abhyāsa : pratique, travail sur soi-même demandant effort et volonté ; racine *as :* projeter, lancer + préf. *abhi :* idée de force, de difficulté + *ā :* idée que l'action est faite dans la direction de celui qui agit.

vaïrāgya : absence de passion, d'attachement, ne pas s'impliquer émotionnellement, ne pas se laisser identifier avec ; dérivé du mot *raga :* passion, au sens large, à partir de la racine *ranj :* teindre en rouge, + préf. *vi :* qui est négatif.

tan : celles-ci [les Vrittis]

nirodha : arrêt, interruption, suppression.

Nous sommes là au cœur du Yoga et l'esprit occidental comprend difficilement que les contraires puissent coexister.

Pourtant la posture symbolise bien cette attitude mentale. Il n'y a pas de posture sans structure et celle-ci s'établit grâce à des points de fermeté ; mais l'état d'Asana « notion d'infinité dans un espace heureux », comme le traduisait Gérard Blitz, ne peut s'installer que si on relâche toutes les tensions inutiles, au niveau musculaire, respiratoire et mental.

S'engager complètement dans une pratique, dans une action, sans pour autant s'identifier avec elle, c'est le message de la *Bhagavad Gītā* : ne pas rechercher les fruits de l'action tout en faisant aussi parfaitement que possible ce que l'on doit faire.

La recherche d'un résultat n'a rien à voir avec l'action elle-même. Escompter un résultat, c'est se projeter dans l'avenir, et l'action, elle, ne peut exister que dans le présent.

Pratiquer Abhyāsa Vaïrāgya, c'est être ici et maintenant, trouver l'équilibre, intégrer les contraires.

I.13. Tatra sthitau yatno'bhyāsah.

« Dans ce cas, cette pratique intense est un effort énergique pour s'établir en soi-même. »

tatra : là, alors, dans ce cas
sthitau : être établi ; racine *sthā :* se tenir debout
yatna : effort, énergie
abhyāsa : pratique intense

Pratiquer intensément, ce n'est pas rechercher des postures difficiles et compliquées, contraindre son corps avec volontarisme pour obtenir souplesse ou puissance physique. Ce n'est pas chercher à copier parfaitement une forme, mais, à travers un travail approprié du corps, atteindre, dans la posture, cet apaisement du mental qui est l'état de Yoga.

L'effort dont il s'agit est l'effort d'attention, nécessaire pour être présent, vigilant, disponible.

I.14. Sa tu dīrghakāla-nairantarya-satkāra-ādara-āsevito dridha-bhūmih.

« Mais elle n'est une base solide que si elle est
pratiquée avec ferveur, persévérance, de façon
ininterrompue et pendant longtemps. »

sa : elle
tu : mais
dīrghakāla : longtemps
nairantarya : de façon ininterrompue
satkāra : ferveur, dévotion
ādara : persévérance
āsevita : pratiqué
dridha : solide
bhūmi : base

Cet effort d'attention à l'instant présent va devenir
peu à peu un état d'attention, mais cela demande du
temps et du sérieux.

Remplacer notre dispersion, notre inattention par
cette conscience de tout à chaque instant, c'est une
rééducation dont les points forts peuvent être les
moments de pratique en salle de Yoga, mais qui ne
peut devenir état de conscience, état de Yoga, que
grâce à une vigilance continue, dans tous les actes du
quotidien.

Dans la pratique du Yoga, on essaye d'être à la

fois conscient du geste, de la respiration, et de la sensation. Continuer à être conscient dans la vie quotidienne est une véritable gageure qui demande bien l'engagement total, la motivation dont parle ce Sutra.

I.15. Drishta-anushravika-vishaya-vitrishnasya vashīkāra-samjnā vaïrāgyam.

« Le non-attachement est induit par un état de conscience totale qui libère du désir face au monde qui nous entoure. »

drishta : ce qui est vu
anushravika : racine *shru :* entendre ; entendu
vishaya : champ d'action, d'expérience ; objet d'expérience
vitrishnasya : sans soif, sans désir
vashīkāra : qui soumet, subjugue, a pouvoir sur, étend son empire sur
samjnā : *jnā :* connaître + *sam :* complètement ; connaissance intime, profonde conscience
vaïrāgyam : lâcher prise ; non-attachement, liberté à l'égard de

Lâcher prise, ne pas se projeter vers les êtres et les choses de façon volontaire et possessive, mû par le désir de prendre, de s'approprier, de contrôler.

Lâcher prise, accepter ce qui est, ce qui survient, accepter l'autre dans sa différence, sans le vouloir pareil à soi, ou tel qu'on voudrait qu'il soit, aimer sans vouloir attacher, identifier, asservir.

Accepter est très difficile. On le veut, on croit y parvenir, et le corps, qui, lui, ne ment pas, manifeste par la souffrance et la maladie que l'on ne donne pas une adhésion profonde, de tout l'être, à cette acceptation.

Dans la pratique du Yoga, lâcher prise, c'est accepter de négocier avec son manque de souplesse, accepter que la posture parfaite soit celle que l'on ne peut plus améliorer avec ses moyens du moment.

Le lâcher-prise, c'est l'humilité, la simplicité retrouvées, l'état sans désir. Sans désir, on est sans pensée ; sans pensée, on est dans la réalité.

I.16. Tat-param purusha-khyāter guna-vaïtrishnyam.

« Le plus haut degré dans le lâcher-prise, c'est se détacher des Gunas grâce à la conscience du Soi. »

tat : cela (le lâcher-prise)
param : le plus haut
purusha : le Soi, le Centre
khyāti : la conscience, la connaissance absolue
guna : qualité, propriété, attribut, modalité de la manifestation
vaïtrishnya : détachement

Voici évoquée la vision de l'univers selon le Samkhya.

Le Purusha, qui est inexprimable, inconnaissable, est mêlé, pour des raisons qui nous dépassent, à la

Prakriti, matière dynamique et créatrice, selon trois modalités appelées Gunas : Sattva, ou le mode de la lumière, de l'équilibre ; Rajas, ou le mode de l'énergie motrice, de l'activité mentale ; Tamas, celui de l'inertie physique et psychique.

Dans l'ordre du manifesté auquel nous appartenons, tout est soumis à ces trois modes d'expression.

Etre détaché des Gunas, c'est être libre de la manifestation, libéré de l'Avidya, ignorance existentielle, inhérente à la matière. Selon la tradition, c'est être éveillé vivant, Jivan Mukta.

Dans la vie quotidienne, se libérer des Gunas, c'est peut-être prendre conscience, dans la relation, de la modalité rajasique, sattvique ou tamasique de nos réactions.

Cette prise de conscience crée un espace qui permet de ne pas être emporté par l'émotion du moment ; reconnaître la colère qui monte en soi, c'est pouvoir négocier avec cette émotion, agir de façon juste, adéquate, sans se couper de son être profond.

→ *Le Samādhi ou l'état de pure conscience.*

I.17. Vitarka-vichāra-ānanda-asmitā-rūpa-anu-gamāt samprajnātah.

« Le Samādhi Samprajnāta, dans lequel la conscience est encore tournée vers l'extérieur, fait appel à la réflexion, au raisonnement.
   Il s'accompagne d'un sentiment de joie et du sentiment d'exister. »

vitarka : raisonnement, réflexion
vichāra : examen mental, investigation
ānanda : joie sans objet, béatitude
asmita : sentiment du « je suis »
rūpa : forme
anugamāt : démarche, pratique ; finale *-āt :* vient de
sam : idée de perfection
pra : idée d'aller vers l'extérieur
jnā : connaître

Il y a raisonnement et réflexion ; donc, il y a support sur lequel s'exerce la conscience. L'esprit ne se disperse plus. Il est en harmonie avec l'objet sur lequel il est concentré et cet accord total donne un sentiment de plénitude et de joie.
   Mais l'ego est encore là, sujet qui pense et qui ressent.

I.18. Virāma-pratyaya-abhyāsa-pūrvah sams-kāra-shésho anyah.

« Quand cesse toute activité mentale grâce à l'expérience renouvelée de cet état, s'établit le Samādhi Asamprajnata, sans support. Cependant, demeurent les mémoires accumulées par le Karma. »

virāma : cessation
pratyaya : idée, opinion, croyance
abhyāsa : pratique intense
pūrvah : qui vient de
samskāra : impressions, empreintes, strates psychiques
    accumulées
shésha : reste, reliquat
anya : autre

Etat d'unité, de pure conscience, mais ce n'est que passager. On porte encore en soi les graines du passé, qu'elles fassent partie de l'inconscient collectif ou de notre propre histoire, elles peuvent germer dès que les circonstances le permettent et déstabiliser à nouveau la conscience.

I.19. **Bhava-pratyayo vidéha-prakriti-layānam.**

« De naissance, certains êtres connaissent le
Samādhi. Ils sont libres des contraintes du
corps physique, tout en étant incarnés. »

bhava : naissance
pratyaya : idée, croyance, expérience
vidéha : sans corps
prakritilaya : immergé dans la manifestation

Le Dharma, loi d'ordre divin, donne à chacun la
destinée qui lui est due. Certains êtres possèdent, de
naissance, cette transparence de la conscience que
les autres peuvent atteindre seulement par l'effort et
la pratique.

→ *La voie à suivre [20 à 31]. Voie de la pratique (qui développe Abhyasa).*

I.20. **Shraddhā-vīrya-smriti-samādhi-prajnā-pūrvaka itareshām.**

« Les autres connaissent le Samādhi grâce à la foi, l'énergie, l'étude et la connaissance intuitive. »

shraddhā : foi, croyance, désir, loyauté, fidélité
vīrya : énergie, volonté
smriti : mémoire, étude
samādhi-prajnā : connaissance immédiate, subtile, globale
pūrvaka : qui vient de
itara : autre

I.21. **Tīvra-samvégānām āsannah.**

« Il est accessible à ceux qui le désirent ardemment. »

tīvra : intense, violent, ardent, fort, excessif, terrible
samvéga : élan
āsanna : de *ā-sad :* atteindre, obtenir, avoir part à ; obtention, réussite

I.22. **Mridu-madhya-adhimātratvāt tato (a)pi vi-shéshah.**

« Même dans ce cas, il y a une différence selon que la pratique est faible, moyenne, ou intense. »

mridu : faible, doux
madhya : moyen
adhimātra : supérieure
tatah : à partir de cela
api : aussi, même
vishesha : distinction, discrimination, différence

Reprise du Sutra 14. Patanjali insiste de nouveau sur le caractère sérieux, engagé, d'une Sadhana ou démarche de connaissance de soi. Qu'elle soit traditionnelle, comme en Inde, où le Sadhaka se rend disponible pour cette quête spirituelle, ou moderne, immergée dans la vie relationnelle, elle nécessite le même engagement.

→ *Voie de l'abandon à Dieu — qui élargit la notion de Vaïragya.*

I.23. Ishvara-pranidhānād vā.

« Ou bien, grâce à l'abandon au Seigneur. »

īshvara : le Seigneur
pranidhāna : préfixes *pra :* en avant et, *ni :* de haut en bas ; racine *dhā :* poser ; déposer dans une attitude dévotionnelle
vā : ou bien

Pour certains, plus religieux, le lâcher-prise est plus facile, en passant par cet acte dévotionnel de soumission à la volonté divine. Le Samkhya est une philosophie non religieuse, mais Patanjali, qui connaît le cœur des hommes dans leur diversité, ne néglige pas cette approche du réel.

I.24. Klésha-karma-vipāka-āshayaīr a-parām-rishtah purusha-vishésha īshvarah.

« Ishvara est un être particulier qui n'est pas affecté par la souffrance, l'action, son résultat et les traces qu'elle peut laisser. »

klésha : affliction, souffrance
karma : action, travail, activité
vipāka : maturation, résultat, conséquence
āshaya : transformation, trace
a-parāmrishta : non affecté
purusha : être
vishésha : particulier
īshvara : seigneur

Cet être particulier, d'essence divine, n'est pas lié à la loi de la cause et de l'effet.

Pour nous, soumis à la loi du Karma, si « nos actes nous suivent, c'est parce qu'ils ne sont pas désintéressés ».

I.25. **Tatra nir-atishayam sarvajnā-bījam.**

> « En lui est le germe d'une conscience sans
> limites. »

tatra : là
nir-atishaya : sans limites
sarvajnā : connaissance totale
bīja : semence, principe

Comment, dès lors, ne pas s'en remettre à cet absolu
que nous ne pouvons même pas concevoir?

I.26. **Sa ésha pūrvésham api guruh kāléna an-
avacchédāt.**

> « Non limité par le temps, il est le maître
> spirituel des anciens eux-mêmes. »

sa ésha : il
pūrvésham : de *purva :* ancien, des anciens
api : même
guru : maître spirituel
kāla : le temps
an-avacchéda : non limité

D'essence divine, il est la source de toute vie
spirituelle depuis l'origine. Sans lui, pas d'enseignement spirituel, pas de Yoga.

I.27. Tasya vāchakah pranavah.

« On le désigne par le Om. »

tasya : de celui-ci
vāchaka : désignation
pranava : racine *nav-* : chanter les louanges; le Om que l'on chante en Inde avant toute récitation de texte sacré.

I.28. Taj-japas tad-artha-bhāvanam.

« La répétition de ce Mantra permet d'entrer dans sa signification. »

tad : cela
japa : répétition
artha : signification
bhāvana : ce qui révèle

1.29. **Tatah   pratyak-chétanā-adhigamo   (a)py
antarāya-abhāvash cha.**

« Grâce à cela la conscience périphérique
s'intériorise et les obstacles disparaissent. »

tatah : grâce à cela
pratyak : vers l'intérieur
chétanā : de *chitta :* mental ; conscience périphérique
adhigama : accession
api : aussi
antarāya : obstacle
abhāva : qui n'existe pas
cha : et

Dieu ne peut être perçu directement, mais la vibration peut nous faire participer de son êtreté, car le
son permet à la conscience de le percevoir comme
une évidence.

Chaque vibration, une fois manifestée, se fond à
nouveau dans la source originelle. Om, Mantra
parmi les Mantras, correspond à l'unité primordiale,
au verbe originel. C'est une syllabe sacrée : le
chanter mécaniquement serait un non-sens, mais
unifié par une pratique de Yoga, on entre alors dans
sa signification.

→ *Les obstacles*

I.30. Vyādhi-styāna-samshaya-pramāda-ālasya-avirati-bhrāntidarshana-alabdhabhūmi-katva-anavisthitatvāni chitta-vikshépās té antarāyāh.

« La maladie, l'abattement, le doute, le déséquilibre mental, la paresse, l'intempérance, l'erreur de jugement, le fait de ne pas réaliser ce qu'on a projeté ou de changer trop souvent de projet, tels sont les obstacles qui dispersent la conscience. »

vyādhi : maladie, douleur, souci
styāna : abattement, dépression
samshaya : doute, hésitation, incertitude
pramāda : déséquilibre mental
ālasya : paresse, léthargie
avirati : intempérance
bhrāntidarshana : erreur de jugement
alabdabhūmikatva : qui n'a pas atteint son but
anavisthitatva : instabilité, inconstance
chitta : le mental
vikshépa : distraction, dispersion
té : ils
antarāya : obstacle

Patanjali reprend et développe la voie de la pratique
A la fois s'opposent le doute, le déséquilibre mental;
à l'énergie, la maladie, l'abattement, la paresse, le

découragement; à l'étude, l'intempérance; à l'intelligence intuitive, l'erreur de jugement.

Ces obstacles sont inhérents aux automatismes du mental, ils sont liés à la méconnaissance de la réalité.

→ *Leurs conséquences.*

I.31. **Dukha-daurmanasya-angaméjayatva-shvā-saprashvāsā vikshépa-sahabhuvah.**

« La souffrance, l'angoisse, la nervosité, une respiration accélérée, sont les compagnons de cette dispersion mentale. »

dukha : peine, douleur, souffrance
daurmanasya : angoisse, anxiété
angaméjayatva : tremblement
shvāsaprashvāsā : inspir/expir (concerne une respiration irrégulière)
vikshépa : dispersion
sahabhu : compagnon

Description alarmante mais qui traduit bien notre réalité : le stress de la vie moderne, la nervosité, l'anxiété, la respiration courte, autant de malaises que nous pouvons éviter en apaisant l'agitation du mental.

Le Yoga n'est pas une voie facile. Les obstacles sont nombreux et l'énergie de la foi est nécessaire.

Vouloir les vaincre demande de veiller à sa santé, à ses pensées, ses désirs, ses actes. C'est un engagement à tous les niveaux, sur tous les plans.

→ *Comment les éliminer ?*

I.32. Tat-pratishédha-artham éka-tattva-abhyā-sah.

« Pour éliminer cela, il faut centrer sa pratique sur un seul principe à la fois. »

tat : cela
pratishédha : élimination, suppression
artham : pour, afin de
éka : un
tattva : principe
abhyāsa : pratique

Ne pas se disperser, ne pas vouloir tout expérimenter à la fois, creuser son sillon avec patience et humilité.

L'apprentissage de cette non-dispersion se fait dans la pratique du Yoga où l'on suit un fil conducteur. L'effort d'attention du début devient état d'attention. De Asana, on passe tout naturellement à Pranāyama. On crée les conditions et l'état de Yoga s'installe...

I.33. Maïtri-karunā-mud
itā-upékshānām sukha-dukha-punya-apunya-vishayānām bhāva-nātash chitta-prasādanam.

« L'amitié, la compassion, la gaieté clarifient et apaisent le mental ; ce comportement doit s'exercer indifféremment dans le bonheur et le malheur, vis-à-vis de ce qui nous fait du bien comme vis-à-vis de ce qui nous fait mal. »

maïtri : amitié, sentiments amicaux
karuna : ouverture de cœur, compassion
**mudit
ā** : gaieté, joie
upékshā : tranquillité d'esprit
sukha : bonheur
dukha : malheur
punya : impur, malheureux, mauvais
vishaya : champ d'action, ce qui est accessible aux sens
bhāvana : manière d'être, attitude
tah : à partir de
chitta : conscience périphérique, mental
prasādana : clarté, sérénité, calme, apaisement

Indifféremment dans le bonheur et le malheur, dans un environnement bienfaisant, comme dans un environnement hostile.

Il est aisé de se sentir amical, compréhensif et gai face à une personnalité que l'on apprécie, à des idées ou à un comportement avec lesquels on se sent en accord.

Cela devient très difficile si on se sent agressé, agacé et que l'on ne comprend pas la démarche ou la situation.

C'est facile d'être ouvert quand on est heureux mais on a tendance à se fermer dès qu'on est mal.

Agir, nous rappelle Patanjali, en accord avec la conscience profonde et non réagir, emporté par les modifications de la conscience périphérique.

I.34. Pracchardana-vidhāranābhyām vā prāna-sya.

« L'expir et la suspension de la respiration produisent les mêmes effets. »

pracchardana : expir
vidhārana : fait d'arrêter, de restreindre
vā : ou bien
prāna : souffle, respiration, souffle vital, énergie

La respiration est un merveilleux baromètre de l'état intérieur. Affectée par toute agitation du mental, elle peut, à l'inverse, lui redonner le calme.

Créer un espace à la fin de l'inspir et de l'expir, c'est lui permettre de retrouver le rythme du corps, beaucoup plus lent, le rythme de l'univers, auquel nous sommes accordés quand le mental ne le modifie pas.

L'attention au souffle suffit : elle crée les conditions et la respiration se régule d'elle-même.

I.35. Vishayavatī vā pravrittir utpannā manasah sthitinibandhinī.

« La stabilité du mental peut aussi venir de son activité en relation avec le monde sensible. »

vishayavatī : en relation avec le champ d'expérimentation des sens
vā : ou
pravritti : activité du mental
utpanna : vient de
manas : pensée, esprit, intellect
sthiti : stabilité
nibandhinī : cause

Reprenons l'exemple du diamant qui reflète son support.

Si la conscience périphérique est en relation, par l'intermédiaire des sens, avec des objets générateurs de calme, de paix, de tranquillité, rien ne viendra altérer la paix de la conscience profonde. La beauté et le silence de la nature ne produisent pas le même effet sur la conscience que les nuisances de la vie urbaine.

I.36. Vishokā vā jyotishmatī.

« Ou bien de l'expérience d'un état lumineux et serein. »

vishokā : sans souffrance, serein
vā : ou
jyotishmatī : qualité lumineuse

Moments de plénitude et d'apaisement que nous connaissons dans la pratique du Yoga, mais aussi dans la vie.

Tout est en harmonie, à sa place ; on est en situation d'adhésion face à la vie, et naît alors un sentiment de joie qui efface le temps et stabilise la conscience.

I.37. Vītarāga-vishayam vā chittam.

« On peut aussi stabiliser le mental en le mettant en relation avec un être qui connaît l'état sans désir. »

vītarāga : dénué de désir
vishaya : champ d'expérience
vā : ou
chitta : conscience mentale

Vivre près d'une personne réalisée peut conduire à la réalisation.

Si l'on concentre son attention sur un support

dont les vibrations sont libres de l'attachement et du désir, il peut y avoir identification de la conscience périphérique avec cet état de détachement et la conscience alors se centre ; c'est l'état d'unité.

I.38. Svapna-nidrā-jnāna-ālambanam vā.

« Ou bien en restant vigilant au cœur même du sommeil et des rêves. »

svapna : sommeil
nidrā : sommeil avec rêves
jnāna : connaissance
ālambana : ayant pour support
vā : ou

Etre vigilant pour percevoir tous les états de conscience, sommeil et rêves y compris, accéder ainsi au quatrième état de conscience appelé Turīya, qui correspond au Samādhi.

I.39. Yathā-abhimata-dhyānād vā.

« Ou encore, par la méditation sur un objet de son choix. »

yathā : comme, en outre
abhimata : souhaité, agréable
dhyāna : méditation
vā : ou

En sept Sutras, Patanjali énumère les moyens qui vont créer les conditions de l'état d'unité.

Que ce soit l'exercice de la concentration, de la respiration, la qualité de la relation avec l'environnement, tous ces moyens convergent et trouvent leur aboutissement dans la méditation.

Dhyāna est formé sur la racine dhī-, qui signifie penser, au sens global, intuitif. Il a donné le mot Tchan en chinois, prononcé Zen en japonais.

C'est l'étape ultime, dans la pratique du Yoga, avant le Samadhi. On peut décider de se concentrer, on ne peut pas décider de méditer. La méditation est un mode de vie. Elle élargit le champ de conscience.

« Méditer, dit Krishnamurti, c'est être conscient de tout à chaque instant. »

→ *Les différents stades du Samādhi.*

I.40. Parama-anu-parama-mahattva-anto (a)sya vashīkarah.

« La force de celui qui est arrivé à cet état va de l'infiniment petit à l'infiniment grand. »

parama : le plus, l'infiniment
anu : l'atome
parama anu : l'infiniment petit
parama mahattva : l'infiniment grand
anta : la fin
asya : de celui
vashīkāra : pouvoir, force, puissance d'action

La conscience périphérique étant stabilisée, la conscience profonde se révèle. Elle participe de l'absolu et permet donc de connaître cette dimension.

I.41. Kshīna-vritter abhijātasya iva maner grahī-tri-grahana-grāhyéshu tatstha-tadanjanatā samāpattih.

« Les turbulences de la conscience périphérique étant apaisées comme un cristal reflète le support sur lequel il repose, le mental est en état de réceptivité parfaite vis-à-vis du

connaissant, du connu et du moyen de connaissance. Cet état de réceptivité est Samāpatti. »

Kshīna : atténuation, apaisement
vritti : fluctuation, turbulence
abhijāta : bien poli, transparent
iva : comme
mani : cristal
grahītri : le connaissant, le sujet
grahana : la connaissance ; relation entre le sujet et
    l'objet
grāhya : l'objet de connaissance
stha : ce qui est
tad : cela
anjanatā : teinté
samāpatti : état de réceptivité parfaite

Le premier stade de Samādhi est de prendre conscience de l'interpénétration entre l'Absolu, le monde
tangible et soi-même, dans la mesure où nous
participons à la fois du monde tangible et de
l'absolu.

Ce qui connaît, c'est le Soi, le Drashtar, la
conscience profonde. Ce qui est connu, c'est le
monde extérieur à soi, et soi-même aussi, le mental,
l'ego. Le moyen de connaissance c'est la conscience
périphérique, les sens, le mental.

Cette conscience mentale ne participe de la conscience profonde que parce qu'elle lui est associée, de
même qu'un fer chauffé au rouge semble être le feu
lui-même ou qu'une cruche remplie d'eau chaude
paraît chaude, une lanterne allumée, lumineuse.

De même, la conscience périphérique, qui participe du monde manifesté, prend une apparence

consciente, alors que la conscience n'appartient qu'au Soi.

Polluée par l'agitation des pensées, elle voile la conscience profonde et déforme la perception que l'on peut en avoir.

Rendue au calme, à la transparence, elle s'intègre alors à la conscience, et notre êtreté, source de vie, se révèle.

I.42. Tatra shabda-artha-jnāna-vikalpaih samkīrnā sa-vitarkā samāpattih.

« Le Samāpatti avec raisonnement est cet état de réceptivité non encore dégagé des constructions mentales liées à l'usage des mots, à leur signification et à la connaissance qui en découle. »

tatra : là
shabda : mot
artha : signification
jnāna : connaissance
vikalpa : construction mentale
samkīrnā : confus, mélangé
sa-vitarkā : avec raisonnement
samāpatti : réceptivité parfaite

On est donc encore sujet à la confusion qu'entraînent inévitablement les mots avec leur connotation variable selon les individus et les expériences.

I.43. Smriti-parishuddhau svarūpa-shunya iva artha-mātra-nirbhāsā nir-vitarkā

« La mémoire ayant été purifiée, comme vidée de sa substance, l'état d'unité sans raisonnement ne s'intéresse alors qu'à l'objet lui-même, libre des connotations mentales. »

smriti : la mémoire
parishuddha : purifiée
svarūpa : forme, nature essentielle
shunya : vide de
iva : comme
artha : objet, signification réelle
mātra : seulement
nir-bhāsa : présentant, retenant, offrant
nir-vitarkā : sans raisonnement

Se simplifier, devenir transparent et permettre ainsi la fusion entre la conscience et l'objet.

I.44. **Etayā éva sa-vichārā nir-vichārā cha sūk-shma-vishayā vyākhyātā.**

« Cet état de fusion permet alors à la conscience d'appréhender la réalité subtile des choses, même sans activité mentale. »

étayā : par cela
éva : même
sa-vichārā : avec raisonnement
nir-vichārā : sans raisonnement
cha : et, également
sūkshma : subtil
vishayā : objet d'expérience
vyākhyāta : appelée

Le Yoga permet d'aller de la périphérie vers le centre, d'une perception grossière, au niveau de la réalité physique, à une perception subtile, du domaine de l'énergie.

I.45. **Sūkshma-vishayatvam cha alinga-paryava-sānam.**

« En atteignant la nature subtile des choses, le Samādhi participe de l'indifférencié. »

sūkshma : subtile
-tva : [marque la qualité]
vishaya : objet
cha : et
alinga : l'indifférencié
paryavasāna : aboutissement

I.46. **Tā éva sabījah samādhih.**

« Ces Samādhi eux-mêmes comportent encore des graines. »

tā : ces
éva : même, aussi
sabīja : avec graine, avec germe
samādhi : état d'unité, absorption, accomplissement

Nous ne sommes pas encore totalement libérés des imprégnations passées qui peuvent provoquer des réactions, dès que les conditions s'y prêtent.

I.47. Nirvichāra-vaïshāradyé adhyātma-prasā-dah.

« L'expérience du Samādhi sans activité mentale induit un état intérieur de paix et de clarté. »

nirvichāra : sans réflexion, sans effort
vaïshāradya : expérience, intelligence
adhyātma : intérieur, spirituel
prasāda : paix, clarté

Samādhi que l'on reçoit quand on est en état de réceptivité parfaite, en unité avec la conscience profonde.

I.48. Ritam bharā tatra prajnā.

« Là est la connaissance de la réalité. »

ritam bharā : porteuse de vérité
tatra : là
prajnā : connaissance

I.49. Shruta-anumāna-prajnābhyām anya-vi-shayā vishésha-arthatvāt.

« La connaissance qui découle de l'enseignement des textes sacrés et de l'exercice de
l'intelligence est différente de celle du Samādhi
parce que son champ d'expérience est différent. »

shruta : entendu, enseignement oral des textes sacrés
anumāna : inférence, déduction
prajnā : connaissance
anya : autre
vishayā : objet d'expérience
vishésha : autre, différent
artha : cause, raison d'être

C'est d'un autre ordre. Différent du savoir, différent
de l'expérience quotidienne.

I.50. Taj-jah samskāro anyasamskāra-pratiban-dhī.

« L'imprégnation qui résulte de ce Samādhi s'oppose à la formation d'autres types d'imprégnations. »

tad-ja : né de cela
samskāra : impression, construction mentale, imprégnation, prégnance
anya : autre
pratibandhī : ce qui fait obstacle

Cette expérience est d'un autre ordre que celle de la vie quotidienne ; l'énergie qu'elle fait naître ne peut pas créer les mêmes imprégnations que celles qui sont provoquées lorsque le mental est agité.

I.51. Tasya api nirodhé sarva-nirodhān nir-bījah samādhih.

« Quand tout cela aussi est supprimé, on connaît le Nirbīja Samādhi. »

tasya : de cela
api : aussi
nirodha : suppression, arrêt
sarva : tout
nir-bīja : sans graines

Les pensées automatiques sont calmées, les mémoires énergétiques supprimées. C'est l'état déconditionné, l'état de pure conscience.

SĀDHANA PĀDA

Après avoir défini l'état de Yoga, et décrit les différents stades de Samādhi, jusqu'à l'étape ultime où les imprégnations qui créent les forces de l'habitude sont enfin supprimées, Patanjali nous parle des moyens pratiques que nous pouvons mettre en œuvre pour créer les conditions favorables à ce processus de transformation.

Sādhana, terme militaire, signifie stratégie. C'est bien de cela qu'il s'agit, pour amener le mental à découvrir et lâcher ce qui l'encombre.

Ainsi désencombré, apaisé, il ne fera plus obstacle entre la réalité et notre conscience profonde, véritable source de perception.

→ *Le Kriya-Yoga : son action sur la souffrance.*

II.1. Tapah-svādhyāya-īshvarapranidhānāni kriyā-yogah.

« Le Yoga de l'action se pratique selon trois modalités inséparables : un effort soutenu, la conscience intérieure de soi et l'abandon au Seigneur. »

tapas : ascèse, pratique régulière et sérieuse ; racine *tap- :* brûler, chauffer ; le feu de notre ardeur à pratiquer va brûler tout ce qui nous encombre

svādhyāya : étude des textes qui conduit à la connaissance de soi par la référence constante à son expérience dans la pratique

īshvara pranidhāna : abandon au Seigneur ; humilité d'accepter ce qui est

La pratique est donc notre moyen d'action. Mais quel type de pratique ? Faire des exercices physiques et respiratoires, et laisser à nouveau le mental entraîner la conscience dans le tourbillon de ses modifications incessantes ? Le mot Tapas exprime que notre vigilance, notre intérêt pour cette connaissance de la réalité, doit être constante, ininterrompue, qu'elle doit s'exercer dans les actes simples du quotidien afin de développer l'intuition de soi que Pantajali appelle Svādhyāya.

Que ce mot signifie à la fois étude de soi et étude des textes sacrés est révélateur. C'est l'êtreté qui donne un sens au savoir. La connaissance des textes est inutile si elle ne recoupe pas la connaissance de soi, dans l'expérience de la pratique.

Et ce travail intérieur ne porte ses fruits que si on le soutient avec patience et humilité, dans l'acceptation de ce qui est, dans un état d'abandon au Seigneur, dit Patanjali, qui, à nouveau, nous rappelle que la juste attitude face à la vie ne peut ignorer la dimension divine.

II.2. Samādhi-bhāvana-arthah   klésha-tanū-karana-arthash cha.

> « Ce Yoga de l'action a pour but d'atténuer les causes de souffrance et de permettre le Samādhi. »

samādhi : état de pure conscience
bhāvana : objectif et réalisation de cet objectif
artha : but
klésha : affliction, souffrance, tourment, difficulté
tanu-karana : atténuation
cha : et

L'objectif du Yoga est l'état de pure conscience. Nous le savons déjà, mais Patanjali devient plus concret. C'est en atténuant les causes de souffrance que cette pratique va agir. Il n'y a rien à prendre, à vouloir acquérir, il suffit d'atténuer, réduire, abandonner, lâcher.

Ce qui nous tourmente, c'est tout ce qui nous

encombre, ce qui étouffe en nous la joie qui naît de l'adhésion au moment présent.

La souffrance, c'est l'intrusion dans le présent du passé ou de l'avenir, chargés de souvenirs ou de projections qui altèrent la perception de la réalité.

→ *Les cinq Kléshas ou le champ de l'émotionnel.*

II.3. Avidyā-asmitā-rāga-dvésha-abhinivéshāh kléshāh.

« Les causes de souffrance sont l'aveuglement, le sentiment de l'ego, le désir de prendre, le refus d'accepter, l'attachement à la vie. »

avidyā : ignorance, méconnaissance de la réalité, nescience
asmitā : le sens du je, l'ego
rāga : désir de prendre, de garder
dvésha : aversion, refus
abhinivésha : attachement à la vie, peur de la mort
klésha : souffrance, affliction

Les Vrittis constituent les cinq modalités de la pensée ; les Kléshas, celles de l'état émotionnel. Sous son aspect affectif, c'est encore le mental, et l'émotion est aussi fluctuante que la pensée.

II.4. Avidyā kshétram uttareshām prasupta-tanu-vichinna-udārānām.

« L'ignorance de la réalité est la source des autres causes de souffrance, qu'elles soient développées ou en sommeil. »

avidyā : ignorance, aveuglement
kshétram : champ, lieu, siège
uttara : autre
prasupta : endormi
tanu : petit, léger
vichinna : momentanément interrompu
udāra : important, développé

Le premier sens du mot Kshétram, champ, est très imagé. L'inconnaissance du réel, l'aveuglement, est bien le champ clos où s'affrontent toutes nos dualités, toutes nos pulsions contradictoires, toutes nos émotions.

L'émotion refuse ou se laisse emporter. Dans les deux cas, on se dissocie du mouvement de la vie en laissant se glisser entre la vie et soi un jugement, même implicite, une réaction. On est alors décentré, périphérique, désuni, et la souffrance s'installe.

II.5. **Anitya-ashuchi-dukha-anātmasu   nitya-shuchi-sukha-ātma khyātir avidyā.**

« L'ignorance de la réalité, c'est prendre l'impermanent, l'impur, le malheur, ce qui n'est pas le Soi, pour le permanent, le pur, le bonheur, le Soi. »

nitya a-nitya : permanent impermanent
shuchi a-shuchi : pur impur
dukha : malheur
ātman : le Soi
an-atman : ce qui n'est pas le Soi
sukha : bonheur
khyāti : conscience de, connaissance
avidyā : ignorance, aveuglement

Un villageois rentrait chez lui à la tombée de la nuit. Il aperçut un serpent au travers du chemin et retourna chercher de l'aide. A la lumière de la lanterne, on vit que le serpent était une corde. Plongés dans l'Avidyā, nous prenons souvent la corde pour le serpent.

II.6. Drig-darshana-shaktyor éka-ātmatā iva asmitā.

« Le sentiment de l'ego vient du fait que l'on identifie le spectateur et le spectacle. »

drig : celui qui voit
darshana : ce qui est vu, la façon dont c'est vu
shaktyor : les deux pouvoirs
éka : un
ātma : essence
-ta : le fait de ; *ātmata :* le fait de donner la même identité
iva : comme si
asmitā : le sentiment de l'ego

La capacité de voir, c'est Drashtar, ce témoin silencieux, cette conscience profonde qui est en nous, et Darshana, c'est la chose vue, à la fois ce que nous voyons et nous-mêmes, nos sens, notre mental, grâce auxquels nous avons la faculté de voir.

Comme le fer chauffé au rouge semble être le feu lui-même, notre moi incarné, habité par la conscience profonde, paraît être cette conscience. De cette imbrication, naît la confusion. On identifie celui qui voit avec la vision, celui qui agit avec l'action. On identifie l'être et le faire.

Il est intéressant de remarquer que le mot Darshana signifie aussi le point de vue. Dès qu'il y a point de vue, il y a subjectivité, identification du sujet et de l'objet.

Pour le Drashtar, il n'y a pas de points de vue, il n'y a que des points à voir.

II.7. **Sukha-anushayī rāgah.**

« Le désir de prendre est lié à la mémoire du plaisir. »

sukha : bonheur, bien-être
anushayin : qui vient de
rāga : attirance, désir irrésistible

II.8. **Dukhā-anushayī dvéshah.**

« Le refus est lié à la peur de souffrir. »

dukha : mal-être
anushayin : qui vient de
dvésha : répulsion, dégoût, refus

Le désir et le refus, deux attitudes opposées, différentes de la seule qui soit adéquate face à la vie : dire oui à ce qui est.

Face aux propositions que nous fait la vie, nous avons souvent l'une de ces deux attitudes. Elles nous viennent de nos expériences dont la mémoire crée en nous des habitudes de comportement. Nous agissons de façon automatique, non consciente.

Quand le désir de prendre est prépondérant, on a tendance à accumuler les projets, les actions, les engagements. On est constamment happé vers l'extérieur, attitude refuge face à la peur de la vie intérieure.

A l'inverse, dans le refus automatique, on fuit le

monde extérieur, relationnel, l'action, on se réfugie dans l'immobilisme, dans l'attente, voire l'ennui, la déprime. L'équilibre est entre les deux.

Dans la pratique, il est souvent plus facile que dans la vie de prendre conscience de notre propension à ce déséquilibre dans un sens ou dans l'autre. Aller aussi loin que possible dans la prise d'une posture sans pour autant créer des tensions, négocier dans le calme, paisiblement, avec un ligament récalcitrant, sans renoncer, atteindre ses limites, les reconnaître, s'installer à leurs frontières, et de pratique en pratique, le corps devient un outil mieux adapté.

De même, dans la relation, une observation vigilante permet de faire du mental un outil plus transparent, plus adapté à se maintenir sur le fil du rasoir de la juste attitude.

II.9. Sva-rasa-vāhī vidusho api tathā rūdho abhi-nivéshah.

> « L'instinct de conservation, lié au sentiment que l'on a de son importance, est enraciné en nous, même chez l'érudit. »

sva-rasa : goût que l'on a de soi-même, sens de son intérêt

vāhin : véhiculé, entraîné, lié à

vidusha : l'érudit

api : même

tathā : ainsi, de la même façon

rūdha : enraciné

abhinivésha : instinct de conservation qui nous amène à ne pas tenir compte des autres quand on se sent menacé.

Le savoir n'est pas la connaissance. Le rationnel n'empêche pas la pulsion. Savoir que l'on mourra un jour parce que l'on est mortel et l'accepter dans sa tête n'empêche pas la pulsion de vie de se manifester, quelquefois avec la violence de l'instinct animal. Un navire qui sombre, un immeuble qui prend feu, et chacun est capable, pour sauver sa vie, de piétiner l'autre.

Cet instinct de conservation se manifeste de mille façons, à travers des réactions parfois enfantines : la peur de manquer qui conduit à ne pas vouloir partager, le fait de se précipiter dans une salle de spectacle, voire de Yoga, pour être sûr d'être bien placé, autant de moments où la certitude sous-jacente de mourir un jour entraîne l'ego à s'approprier pour se rassurer.

Le sentiment d'insécurité entraîne ces réactions :

sortir de son cadre de vie, en avivant cette anxiété fondamentale, réactive des attitudes que l'éducation et les protections de l'habitude ont réussi à masquer, mais la racine est là, et la plante repousse dès que le terrain s'y prête.

→ *Comment éliminer la souffrance.*

II.10. **Té pratiprasava-héyāh sūkshmāh.**

> « Quand ces causes de souffrance sont légères, on peut les éliminer en les prenant à contre-courant. »

té : ils (*klesha* est masculin)
prati- : en sens contraire
prasava : naissance, courant
héya : qui doit être rejeté, éliminé
sūkshma : léger, subtil

Dans la souffrance, qui souffre ? L'ego, parce que le désir du moment n'est pas satisfait, ou qu'il refuse ce qui est, ou qu'il a peur de l'avenir. Et la cause essentielle est toujours la confusion mentale.

Essayer d'atténuer la souffrance par la réflexion est un non-sens. Même le raisonnement juste, nous dit Patanjali, est une Vritti, une agitation du mental et cela ne peut que renforcer la confusion.

Aller à contre-courant, c'est lâcher prise, cesser de se débattre, ne pas chercher d'argument ou d'explication à la souffrance ; c'est inverser le processus habituel par lequel le mental nous entraîne dans des raisonnements basés sur le passé et nous coupe de notre conscience profonde.

Dans la pratique, la posture inversée permet de vivre concrètement cette expérience. L'attitude debout, en mouvement, est celle de l'être humain engagé dans son extériorité. Toute posture inversée renverse cette tendance et favorise le retour vers l'unité.

II.11. Dhyāna-héyās tad-vrittayah.

> « Les perturbations mentales qu'elles entraînent peuvent être éliminées par la méditation. »

dhyāna : méditation
héya : qui doit être supprimé
tad : de celles-ci
vritti : perturbation, agitation

Les Vrittis sont les manifestations des Kléshas, lorsqu'elles sont actives, développées. L'état de méditation dans lequel le mental est apaisé, vide d'automatismes, permet d'être en relation directement avec la réalité objective. Alors la confusion cesse et la souffrance se dissout.

La pratique nous permet de connaître l'état de méditation. Nous pratiquons pour avoir accès à la vie.

→ *Le processus karmique.*

II.12. Klésha-mūlah karma-āshayo drishta-adrishta-janma-védanīyah.

« Au cours de naissances successives, on expérimente la loi du Karma, qui trouve ses racines dans nos afflictions. »

klésha : souffrance, affliction
mūla : racine
karman : action, œuvre, fait
āshaya : accumulation, strates
drishta / adrishta : visible / invisible
janman : naissances successives
védanīya : qui doit être connu, expérimenté

La loi du Karma, ou accumulation karmique, désigne, en Inde, les conséquences inéluctables d'actes accomplis dans une existence antérieure, ou dans celle du moment. Nos actes nous suivent. Chaque acte produit un effet qui devient à son tour une cause. Et la qualité des effets dépend de la qualité des causes.

Les Kléshas forment un dépôt karmique dont naissent, incessamment, des causes, et donc des effets. Cercle vicieux, ronde infernale dont nous sommes prisonniers.

II.13. Sati-mūlé tad-vipāko jāty-āyur-bhogāh.

« Tant que la racine est là, le développement
des Kléshas se fait au cours de naissances, de
vies et d'expériences différentes. »

sati-mūlé : la racine étant
tad : de ceux-ci
vipāka : maturation, développement
jati : naissance, famille, espèce
ayus : vie, existence
bhoga : jouissance, emploi, utilisation

II.14. Té hlāda-paritāpa-phalāh punya-apunya-hétu-tvāt.

« Selon qu'elles sont justes ou non, ces expériences produisent la joie ou la souffrance. »

té : ils
hlāda : amusement, joie
paritāpa : ardeur
phala : fruit
punya/apunya : pur, juste/impur, injuste
hétu-tvāt : en raison de

La nature des effets dépend de la nature des causes.
Si un acte est juste, adéquat, son effet produira une
énergie bénéfique qui engendrera une cause de
bonheur, et inversement

II.15. **Parinãma-tãpa-samskãra-duhkhair guna-vritti-virodhãch cha duhkham éva sarvam vivékinah.**

« Pour le sage, tout est douleur, parce que nous sommes soumis aux conflits nés de l'activité des Gunas et à la douleur inhérente au changement, au malaise existentiel, au conditionnement du passé. »

parinãma : maturation, changement, déclin
tãpa : ardeur spirituelle, ascèse, anxiété, malaise existentiel
samskãra : imprégnations sur le plan énergétique venant de nos vies passées et nous conditionnant
duhkha : douleur, détresse, malheur
guna : modalité d'activité de la matière
vritti : agitation, perturbation
virodha : conflit, incompatibilité
cha : et
éva : en vérité, même
sarva : tout
vivéka : séparation, discrimination
vivékin : qui a du discernement, le sage

Pour celui qui discerne la réalité, dans le monde manifesté plongé dans l'ignorance, tout est douleur. Comme on ne peut songer à installer sa demeure sur un pont, on ne peut s'installer de façon durable dans cette vie où tout change et se modifie.

Dans la tradition indienne, ce détachement par rapport à l'existence ordinaire n'est pas sentimental. Il ne provient pas d'une déception ou d'un dégoût, mais d'une réflexion logique. La misère de la vie humaine est due à l'ignorance de la vraie nature du Soi. Le mental ne peut pas nous aider car le Soi est d'une autre nature. Seule la pratique spirituelle peut nous donner la connaissance et supprimer la douleur.

II.16. Héyam duhkham an-āgatam.

« La douleur à venir peut être évitée. »

héya : peut, doit être évité
duhkha : malheur, souffrance
an-āgata : non encore survenu

Après avoir décrit le drame de la condition humaine, Patanjali nous redonne l'espoir.

Nous ne pouvons plus rien sur le passé. L'action se fait au présent. Si nous agissons avec une attitude mentale conforme à Vaïrāgya, le lâcher-prise, sans vouloir prendre, obtenir pour soi, nos actes ne sèmeront pas de graines susceptibles de faire éclore plus tard de la souffrance.

Seul le présent est le lieu d'expérimentation du lâcher-prise.

→ *Cause première de la souffrance : la relation entre le Soi et la matière (ou monde manifesté).*

II.17. Drashtri-drishayoh samyogo héya-hétuh.

« L'identification entre celui qui voit et ce qui est vu constitue la cause première de la douleur qui peut être évitée. »

drashtar : celui qui voit, le témoin
drishaya : ce qui est vu
samyoga : identification, confusion
héya : qui peut être évitée
hétu : cause, motif

La douleur qui peut, qui doit être évitée, est celle de la condition humaine soumise à l'ignorance du réel.

Celui qui voit et ce qui est vu, le spectateur et le spectacle, le Soi et la matière, la conscience profonde et la conscience mentale, la conscience universelle et le monde manifesté, autant de termes pour désigner ce que le Samkhya appelle Purusha/Prakriti, couple indissociable dans la vie humaine.

L'Inde ne se demande pas pourquoi et quand s'est faite cette relation entre Purusha et Prakriti. Ce pourquoi sans réponse ne l'intéresse pas. Ce qui l'intéresse, c'est l'analyse et la compréhension de ce qui en résulte. On constate chez l'homme un malaise existentiel, la nostalgie d'un bonheur non duel. Comment retrouver cet état d'unité, se libérer de l'aveuglement, du sentiment de l'ego, voilà le but du Yoga.

II.18. Prakāsha-kriyā-sthiti-shīlam bhūta-indriya-ātmakam bhoga-aparvarga-artham drishyam.

« Le monde matériel se manifeste dans l'immobilité, l'activité ou la clarté. Les éléments naturels et les organes sensoriels le composent. La raison de cette manifestation est d'en jouir ou de s'en libérer. »

prakāsha : clarté, splendeur, lumière
kriyā : activité, travail, œuvre
sthiti : état, arrêt, immobilité
shīla : ayant les qualités, les caractéristiques
bhūta : créature, élément
indriya : organes des sens
ātmaka : qui appartient à, composé de
bhoga : jouissance, utilisation, perception
aparvarga : béatitude, délivrance finale
artha : but, cause, motif
drishya : ce qui est vu, le monde manifesté matériel

L'homme, dans la manifestation, est soumis à l'activité des Gunas. C'est pourquoi tout change, en lui et autour de lui.

On peut demeurer dans ce système, nourrir le processus karmique, en acceptant de vivre les bonheurs et les souffrances de l'existence, ou essayer, par la pratique du Yoga, de mettre fin à cet engrenage, d'annuler les forces karmiques.

II.19. Vishésha-avishésha-lingamātra-alingāni guna-parvāni.

« L'activité des Gunas se manifeste à des niveaux différents sur des éléments grossiers ou subtils, manifestés ou non. »

vishésha : particulier, spécifique
avishésha : non différencié
lingamātra : caractérisé, manifesté
alinga : non caractérisé
guna : modalité de manifestation de la matière
parvam : niveau, étape

II.20. Drashtā drishi-mātrah shuddho 'pi pratyaya-anupashyah.

« Drashtar, celui qui voit, est uniquement le pouvoir de voir. Mais bien que pur, il est témoin de ce qu'il voit. »

drashtar : celui qui voit, la conscience profonde
drishi : action, faculté, pouvoir de voir
-mātra (en composé) : seulement, rien que
shuddha : pur
api : même, bien que
pratyaya : croyance, opinion, expérience
anupashya : celui qui regarde

Comme le diamant reflète la couleur du support, la conscience profonde, pourtant immuable et permanente, reflète le caractère changeant, impermanent de ce qu'elle voit, et la confusion du mental nous la fait percevoir comme altérée par le spectacle du monde manifesté.

II.21. **Tad-artha éva drishyasya ātmā.**

« La raison d'être de ce qui est vu est seulement d'être vu. »

tad : cela
artha : cause, raison d'être
éva : seulement
drishya : la chose vue, le spectacle
ātmā : nature, principe, essence

Le monde manifesté n'existe que pour permettre la discrimination entre Purusha et Prakriti, cette dernière étant la manifestation existentielle des virtualités de Purusha. Il n'existe pas pour lui-même mais seulement en fonction du Soi, pour permettre sa libération.

II.22. Krita-artham prati nashtam apy a-nashtam tad anya-sādhārana-tvāt.

« Pour celui qui atteint ce but, cela disparaît, mais continue d'exister pour les autres. »

krita : achevé, acquis, atteint
artha : but
prati : pour, en ce qui concerne
nashta/anashta : détruit, existant
api : quoique
-tad : cela
anya : autre
sādhārana : commun à
-tvāt : en raison du fait que

Pour l'éveillé, le Sage, la vision du monde est différente mais elle perdure pour ceux qui continuent à vivre dans l'ignorance et la confusion.

II.23. Sva-svāmi-shaktyoh svarūpa-upalabdhi-hétuh sam-yogah.

« Le Samyoga permet de comprendre la nature propre de ces deux facultés, celle de voir et celle d'être vu. »

sva : son, le sien
svāmi : propriétaire, roi, mari, maître spirituel
shakti : pouvoir, puissance, force
svarūpa : nature propre
upalabdhi : acquisition, compréhension
hétu : cause
samyoga : union parfaite, plénitude du yoga

L'état d'unité que donne le Yoga, dans la plénitude de sa pratique, permet la discrimination, sans laquelle on ne perçoit pas la réalité.

→ *La discrimination : comment mettre fin à l'état*
  de confusion.

II.24. **Tasya hétur avidyā.**

« La non-connaissance du réel est la cause de
cette confusion entre les deux. »

tasya : de cela
hétu : cause
a-vidyā : ignorance, méconnaissance du réel

Nescience, que, dès le début du premier livre,
Patanjali accuse d'être la source de toutes les causes
de souffrance.

II.25. Tad-abhāvāt samyoga-abhāvo hānam tad drishéh kaīvalyam.

« Quand la non-connaissance du réel disparaît, disparaît aussi l'identification du spectateur et du spectacle. Alors le spectacle n'a plus d'existence. C'est la libération du spectateur. »

tad : cela
abhāva : absence, non-être, destruction
samyoga-abhāva : disparition de la relation
hāna : cessation
drishi : chose vue
kaïvalya : délivrance

Le spectateur, conscience universelle, reste dans sa solitude, libre de tous les attachements.
C'est l'état d'unité, de pure conscience.

II.26. Vivéka-khyātir a-viplavā hāna-upāyah.

« Le discernement, pratiqué de façon ininterrompue, est le moyen de mettre fin à l'inconnaissance du réel. »

vivéka : séparation, distinction, discrimination, discernement, raison
khyāti : déclaration, opinion, idée
a-viplavā : privé de bateau, confus, transitoire, fugitif
hāna : laisser-aller, cessation
upāya : arrivée, moyen, voie, procédé, stratagème

II.27. Tasya sapta-dhā prānta-bhūmi prajnā.

« La connaissance de celui qui pratique la
discrimination devient graduellement sans
limites. »

tasya : de celui-ci
sapta-dhā : en sept parties, de sept manières
bhūmi : terre, sol, étendue, position, base
prajnā : connaissance
prānta : fin, limites

II.28. Yoga-anga-anushthānād ashuddhi-kshayé jnāna-dīptir ā vivéka-khyāteh.

« Quand les impuretés du mental sont détruites par la pratique du Yoga, la lumière de la connaissance donne à l'esprit la discrimination. »

anga : membre, position, thème
yoga-anga : les constituants du Yoga
anushtāna : pratique
a-shuddi : impureté
kshaya : destruction, ruine, perte
jnāna : connaissance
dīpti : lumière, lueur, éclat
ā : jusqu'à
vivéka : discernement, discrimination
khyāti : opinion

Après nous avoir montré les causes de la souffrance et être remonté à la source, c'est-à-dire la confusion entre ce qui perçoit réellement en nous et ce qui est perçu, Patanjali va enfin nous donner le moyen d'acquérir et de développer cette faculté de discrimination, nécessaire pour mettre fin à notre aveuglement.

→ *Le moyen de développer la faculté de discrimi-*
nation : exposé détaillé de l'Ashtanga Yoga.

II.29. Yama-niyama-āsana-prānāyāma-pratyāra-dhāranā-dhyāna-samādhayo asthāv angā-ni.

« Les huit membres du Yoga sont :
— les règles de vie dans la relation aux autres ;
— les règles de vie dans la relation à soi-même ;
— la pratique de la posture ;
— la pratique de la respiration ;
— l'écoute intérieure ;
— l'exercice de la concentration ;
— la méditation ;
— l'état d'unité. »

yama : contrôle, maîtrise, observance, règle, discipline ;
de *yam :* maîtriser, dompter, tenir en main
niyama : répression, limitation, contrainte, règle, observance
āsana : fait d'être assis, posture, fait d'être installé dans
une posture
prānāyama : travail, allongement du souffle
pratyāra : retrait des sens
dhāranā : concentration de l'esprit
dhyāna : méditation
samādhi : état d'unité
astha : huit
anga : membre

Ce moyen d'action, c'est l'Ashtanga Yoga, que l'on appelle couramment le Yoga de Patanjali.

Il est intéressant de connaître le sens de ces termes sanscrits, mais chacun d'eux, développé, expliqué par Patanjali, est passé tel quel dans le langage usuel du Yoga. C'est ainsi que nous les utiliserons.

→ *Les Yamas.*

II.30. Ahimsā-satya-astéya-brahmacharya-aparigrahā yamāh.

« Les Yamas sont la non-violence, la vérité, le désintéressement, la modération, le refus des possessions inutiles. »

ahimsa : non-violence, abstention du mal, respect de la vie

satya : réalité, vérité, exactitude

asteya : fait de ne pas voler

bramacharya : état de l'étudiant brahmanique, célibat, chasteté, sagesse, modération

aparigraha : refus de possessions inutiles

Nous sommes des êtres sociaux, relationnés; les premiers conseils que nous donne Patanjali concernent donc la relation aux autres.

Le premier Yama contient tous les autres.

Qu'est-ce que la non-violence, sinon le respect de l'autre dans sa différence? Accepter un mode de pensée, un fonctionnement affectif différents des siens, cela implique d'être vrai, de ne pas jalouser le sort des autres, de rester modéré, de ne pas entasser des biens dont on n'a nul besoin.

II.31. Jāti-désha-kāla-samaya-anavacchinnāh sārva-bhaumā mahā-vratam.

« Ils constituent une règle universelle, car ils ne dépendent ni du mode d'existence, ni du lieu, ni de l'époque, ni des circonstances. »

jāti : naissance, forme d'existence, famille, caste, caractère spécifique

désha : endroit, région, pays, localité

kāla : temps, saison, époque, destin

samaya : fréquentation, condition, moment déterminé, circonstance

anavicchina : non interrompu, non limité

sārva-bhaumā : toute la terre

mahā-vrata : grande règle, observance

Caractère universel du Yoga.

→ *Les Niyamas.*

II.32. Shaucha-samtosha-tapah-svādhyāya-īsh-varapranidhānāni.

« Etre clair dans ses pensées et ses actes, être en paix avec ce que l'on vit, sans désirer plus ou autre chose, pratiquer avec ardeur, apprendre à se connaître et à agir dans le mouvement de la vie, telles sont les règles de vie que propose le Yoga. »

shaucha : pureté, propreté, purification, honnêteté, correction

samtosha : satisfaction, contentement

tapah : ascèse, pratique intense

svādhyāya : connaissance de soi, des textes

īshvarapranidhāna : lâcher-prise, abandon à Dieu

Dans l'énumération des huit membres du Yoga, les Niyamas précèdent Asana et Prānāyāma. Ils font la transition entre le code moral exprimé dans les Yamas, et la pratique.

Ils reprennent les termes du Kriya Yoga en affinant l'attitude mentale.

→ *Importance du mental dans la pratique des Yamas et des Niyamas.*

II.33. Vitarka-bādhané pratipaksha-bhāvanam.

« Quand les pensées perturbent ces attitudes, il faut laisser se manifester le contraire. »

vitarka : supposition, conjecture, doute, raisonnement, réflexion
bādhana : oppression, fait de harceler
pratipaksha : côté opposé, parti contraire, opposition, rivalité
bhāvana : action de faire apparaître, création mentale, conception

Une pensée qui perturbe est forcément inadéquate. En méditant sur le contraire, on rétablit l'équilibre. C'est simple, évident, et si difficile à appliquer. Il faut beaucoup d'humilité pour se rappeler, dans un moment de trouble, que l'on est toujours subjectif, qu'un autre point de vue peut être tout aussi valable, et qu'il convient d'éviter de se laisser enfermer dans ce qui paraît certain.

« L'erreur, c'est l'oubli de la vérité contraire », a dit Pascal.

→ *Exemple de pensée perturbatrice : la violence.*

II.34. **Vitarkā himsā-ādayah krita-kārita-anumo-**
ditā lobha-krodha-moha-pūrvakā mridu-
madhya-adhimātrā dukha-ajnāna-ananta-
phalā iti pratipaksha-bhāvanam.

« Ces pensées, comme la violence, qu'on la
vive, la provoque ou l'approuve, sont causées
par l'impatience, la colère et l'erreur.

Qu'elles soient faibles, moyennes ou fortes,
elles engendrent une souffrance et une confusion qui n'ont pas de fin. Méditer sur le
contraire empêche cela. »

vitarka : conjecture, raisonnement, doute
ahimsā : dommage, délit, nuisance
ādayah : et autres, et caetera
krita : fait, acte accompli
kārita : causé, occasionné, provoqué
anumodita : autorisé, approuvé
lobha : avidité, impatience, cupidité
krodha : colère, fureur, emportement
moha : égarement, erreur, illusion
pūrvaka : précédé de, accompagné de
mridu : petit, faible
madhya : moyen
adhimātrā : forte
dukha : malheur, douleur
ajnāna : ignorance, inconnaissance
anantaphala : fruit destiné à durer, résultat sans fin

iti : ainsi
pratipaksha : le contraire
bhāvanam : fait de produire

La violence peut prendre des formes multiples, de sa manifestation la plus grossière, la plus apparente, dans les actes physiques, à sa forme la plus subtile, à travers d'éloquents non-dits.

Sans rien dire, on peut violenter l'autre, sous couvert d'amour, en exigeant de lui qu'il soit différent de ce qu'il est, en essayant de le « réduire » à soi-même.

Sans rien dire, on peut participer à la violence ou l'autoriser, on peut la provoquer par son attitude intérieure.

→ *Développement sur les Yamas.*

II.35. **Ahimsā-pratishthāyam   tat-samnidhan vaīra-tyāgah.**

« Si quelqu'un est installé dans la non-violence, autour de lui, l'hostilité disparaît. »

ahimsā : la non-violence
pratishtā : stabilité, base, support
tad : lui
samnidhi : proximité, présence
vaīra : animosité, hostilité, haine, discorde, armée ennemie
tyāga : abandon, séparation, don, renoncement

C'est toute l'importance de l'attitude intérieure. Si quelqu'un vit dans un état de non-violence, c'est-à-dire de non-jugement, de respect de l'autre, il va influencer son entourage, et il sera très difficile d'être agressif à son égard ou même simplement en sa présence.

II.36. Satya-pratishthāyām kriyā-phala-āshraya-tvam.

« Quand on est établi dans un état de vérité, l'action porte des fruits appropriés. »

satya : vérité
pratishthā : installation
kriyā : action
phala : fruit
āshraya : recours, aide, point d'appui
tvam : en raison de

Quand on est vrai, on échappe à l'illusion, aux pièges du mental. Alors la conscience profonde guide des actes qui deviennent justes, adéquats, et produisent des fruits appropriés.

II.37. Astéya-pratishthāyām   sarva-ratna-upasthānam.

« Quand le désir de prendre disparaît, les joyaux apparaissent. »

astéya : ne pas voler, ne pas prendre, ne pas convoiter
pratishthā : installation
sarva : tout
ratna : joyau, pierre précieuse, perle
upasthāna : fait d'approcher, d'apparaître

On a besoin de prendre pour se rassurer, parce qu'on a peur, la peur de la mort étant sous-jacente à toutes les autres peurs.

Ne plus avoir besoin de prendre, c'est accepter de lâcher ses défenses, accepter la vie dans ce qu'elle a d'imprévisible. On ne s'enferme plus pour se protéger, alors on est disponible, libre de recevoir.

II.38. Brahmacharya-pratishthāyām vīra-lābhah.

> « Etre établi dans la modération donne une bonne énergie de vie. »

bramacharya : sagesse, modération
pratishthā : installation
vīra : homme, héros, guerrier
lābha : fait de trouver, d'obtenir

Car ce sont les excès, les extrêmes, qui provoquent le déséquilibre et consomment notre énergie.

II.39. Aparigraha-sthaīryé janma kathamtā-sambodhah.

« Celui qui se désintéresse de l'acquisition de biens inutiles connaît la signification de la vie. »

aparigraha : désintérêt face à la possession, absence d'avidité

sthaīrya : fermeté, solidité, permanence, constance, persévérence

janman : naissance, origine, existence

kathamtā : le pourquoi

sambodha : fait d'être éveillé, connaissance

La vie est mouvement. Tout change à chaque instant. Il est vain de s'attacher à l'impermanent en espérant le voir durer, et seule l'absence d'avidité permet d'être dans le fil de la vie, d'en connaître le sens.

→ *Développement des Niyamas.*

II.40. Shauchāt svānga-jugupsā parair a-samsar-gah.

« La pureté nous amène à être détaché de notre corps et de celui des autres. »

shaucha : propreté, clarté, pureté
svānga : son propre corps
jugupsā : aversion
para : autre
a- : absence de
samsarga : contact, relation

II.41. Sattva-shuddhi-saumanasya ékāgrya-in-driya-jaya-ātmadarshana-yogyatvāni cha.

« Le fait d'être pur engendre la bonne humeur, la concentration d'esprit, la maîtrise des sens et la faculté d'être en relation avec la conscience profonde. »

sattva-shuddhi : pureté
saumanasya : satisfaction, bonne humeur
ékagrya : concentration
indriya-jaya : maîtrise des sens
ātmadarshana : vision du Soi
yogatva : faculté, moyen
cha : et

II.42. **Samtoshād an-uttamah sukha-lābhah.**

« Par la pratique du Samtosha, on connaît le
plus haut degré de bonheur. »

samtosha : satisfaction de ce qui est, contentement
an-uttama : insurpassé
sukha : bonheur
lābha : obtention

Pratiquer Samtosha, ce n'est pas se contenter ponc-
tuellement de quelque chose. C'est l'état de contentement, un état d'esprit, une attitude mentale qui
oriente les pensées, les actes, les réactions.

C'est vivre au présent, dans un état de paix
intérieure dans lequel il n'y a plus ni manque ni
volonté d'obtenir.

« Désire tout ce que tu as, et tu as tout ce que tu
désires. »

→ *La pratique.*

II.43. Kāya-indriya-siddhir   ashuddhi-kshayāt tapasah.

« Grâce à une pratique intense, qui entraîne la destruction de l'impureté, on améliore considérablement le fonctionnement du corps et des sens. »

kāya : le corps
indriya : organe, faculté des sens
siddhi : accomplissement, réalisation, pouvoir
ashuddhi : impureté
kshaya : destruction
tapas : pratique ardente, soutenue

Le Soi est intégré à notre réalité charnelle. Comment connaître le Soi si le corps et les sens, chargés d'impuretés, opacifiés, font écran, accaparent notre attention ?
N'oublions pas que Pantajali cite la maladie comme l'un des obstacles sur le chemin de transformation.

II.44. Svādhyāyād isthadévatā-samprayogah.

« L'état d'intériorisation permet l'union totale avec la divinité d'élection. »

svādhyāya : intériorisation, écoute et connaissance de soi
ishtadévata : divinité d'élection
samprayoga : union parfaite

Seule l'écoute intérieure permet d'appréhender le subtil, la dimension divine.

II.45. Samādhi-siddhir īshvara-pranidhānāt.

« Par l'abandon à Dieu, s'accomplit la réalisation du Samādhi. »

samādhi : état d'unité, de pure conscience
siddhi : accomplissement, succès
īshvara-pranidhāna : abandon à Dieu

Il n'y a pas de hiérarchie dans les différents membres du Yoga. Vivre totalement l'un ou l'autre permet de connaître l'état de pure conscience.

→ *Āsana.*

II.46. Sthirasukham āsana.

« Āsana : être fermement établi dans un espace heureux » (selon la très belle traduction de Gérard Blitz).

sthira : ferme, solide, durable
sukha : bonheur
āsana : posture

II.47. Prayatna-shaïtilya-ananta-samāpatti-bhyām.

« Grâce à la méditation sur l'infini et au renoncement à l'effort-volonté. »

prayatna : effort, activité
shaïtilya : relâchement, diminution, faiblesse, dépression, diminution
ananta : infini, illimité, éternel
samāpatti : rencontre, absorption, méditation

On trouve l'équilibre entre les deux pôles.

L'équilibre corporel se situe entre l'effort et la détente, le faire et le lâcher-prise. C'est particulièrement sensible dans les postures d'équilibre : crispé dans la volonté de tenir, on trébuche ; trop détendu, peu vigilant, on ne tient pas non plus.

Asana est ce moment parfait où, le corps étant absolument tranquille, tout effort de volonté aboli, la sensation et la respiration sont suspendues et immobilisent le temps.

Alors on est heureux, dans un sentiment d'infinitude.

II.48. Tato dvandva-an-abhighâtah.

> « A partir de cela, on n'est plus assailli par les dilemmes et les conflits. »

tato : de *tatas* : venant de cela, grâce à cela
dvandva : paire, couple, alternative
an- : absence de
abhighâta : coup, attaque, dommage

Dans cet état d'équilibre, les opposés coexistent et ne s'opposent plus.

Cesse alors la vision duelle du monde, qui morcelle et défigure la réalité.

→ *Prānāyāma.*

II.49. Tasmin sati shvāsa-prashvāsayor gati-vicchédah prānāyāmah.

« Ceci étant accompli, on expérimente le Prānāyama qui est l'arrêt des perturbations de la respiration. »

tasmin : ceci
sati : accompli
shvāsa/prashvāsa : les deux mouvements de la respiration, inspir et expir
gati : allure, mouvement, cours
vicchédah : interruption
prānāyāma : contrôle, allongement du souffle

De même que pour Āsana, Patanjali ne parlait pas des différentes postures mais de l'essence même de la posture : être stable dans un ressenti d'infinitude, de même, il n'énumère pas les différents exercices qui peuvent conduire à contrôler l'amplitude ou la qualité de la respiration, mais il fait la distinction entre la respiration irrégulière, légèrement sifflante, évoquée par les termes Shvāsa/Prashvāsa, et la respiration yoguique qui devient fluide, ininterrompue, de qualité.

II.50. Bāhya-ābhyantara-stambha-vrittir désha-kāla-samkhyābhih pari-drishto dīrgha-sūkshmah. »

« Les mouvements de la respiration sont l'expir, l'inspir et la suspension. En portant l'attention sur l'endroit où se place la respiration, sur son amplitude et son rythme, on obtient un souffle allongé et subtil. »

bāhya : extérieur, externe
ābhyantara : intérieur, interne
stambha : suspendu, arrêté, interrompu, immobile
vritti : mouvement
désha : lieu, endroit
kāla : temps, durée
samkhyā : nombre
paridrishta : vu, regardé, considéré
dīrgha : long
sūkshmah : subtil, léger

L'important, c'est la conscience de la respiration.

Le corps est lent, la respiration naturelle est lente, mais le mental est mobile, papillonnant, et, se portant sur des objets changeants, il modifie la respiration, l'accélère ou la bloque.

Si on le centre sur l'écoute de la respiration, celle-ci retrouve son rythme naturel, s'allonge.

Se laisser respirer, et la respiration s'allonge d'elle-même.

II.51. Bāhya-ābhyantara-vishaya-ākshépī catu-rhah.

« Une quatrième modalité de la respiration dépasse le plan de conscience où l'on distingue inspir et expir. »

bāhya : externe
ābhyantara : interne
vishaya : champ d'action, d'expérience
ākshépi : qui dépasse, transcende
caturhah : quatrième

Respiration yoguique, quasi immobile, dans laquelle le souffle est suspendu, poumons moitié pleins, dans cette communion avec le subtil.

II.52. Tatah kshīyaté prakāsha-āvaranam.

« Alors, ce qui cache la lumière se dissipe. »

tatah : alors, à cause de cela
kshīyaté : se dissout, disparaît
prakāsha : lumière
āvaranam : ce qui couvre, cache

II.53. Dhāranāsu cha yogyatā manasah.

« Et l'esprit devient capable des diverses formes de concentration. »

dhārana : racine *dhar :* tenir, maintenir ; concentration d'esprit accompagné
cha : et de la suspension du souffle
yogyata : habileté, technique, aptitude
manas : esprit

→ *L'écoute intérieure.*

II.54. Svavishaya-asamprayogé chitta-svarūpa-anukāra iva indryānām pratyāhārah.

« Quand le mental n'est plus identifié avec son champ d'expérience, il y a comme une réorientation des sens vers le Soi. »

svavishaya : son propre champ d'expérience
a-samprayoga : dissociation
chitta : le mental
svarūpa : sa propre forme
anukāra : ressemblance, conformité, direction
iva : comme, pour ainsi dire
indriyā : organes des sens
pratyāhāra : retrait, retour vers

Dans la vie courante, nos sens sont happés vers l'extérieur par tout ce qui les sollicite. Si le mental cesse d'être identifié à cette vie extériorisée, on est libre de retrouver la dimension d'intériorité.

II.55. Tatah paramā vashyatā indriyānām.

« Alors les sens sont parfaitement maîtrisés. »

tatah : à partir de cela, alors
paramā : extrême, excellent, parfait
vashyata : souveraineté, pouvoir, maîtrise
indriya : sens

Nous accédons alors à un autre niveau de conscience. Celui de la méditation : Dhyana.

VIBHŪTI PĀDA

Vibhūti (de *vibhū* : se manifester, être capable) : développement, manifestation de force, déploiement d'énergie, puissance, résultat heureux, succès, bonheur, splendeur.

Dans le premier livre, Patanjali nous explique ce qu'est le Yoga : calmer les automatismes de la pensée pour permettre à la conscience profonde de se révéler et de nous ouvrir ainsi l'accès à la vie.

Dans le deuxième, il nous indique les moyens pratiques pour créer les conditions dans lesquelles cet état d'unité peut exister.

Dans le troisième, il décrit l'état heureux, les manifestations de puissance et d'énergie qui sont le résultat de l'action juste, grâce à un mental déconditionné. Délivré de la dualité sujet/objet, on découvre de nouvelles aptitudes, on explore d'autres niveaux de conscience, tous les aspects de la vie sont différents.

→ *Définition des trois derniers Angas.*

III.1. Désha-bandhash chittasya dhāranā.

« Dhāranā est la relation d'attention du mental à un secteur déterminé. »

désha : lieu, espace, territoire
bandha : lien, fixation, relation
chitta : mental, conscience périphérique
dhāranā : concentration de l'esprit accompagnée de l'arrêt du souffle

La concentration est une action volontaire, un effort conscient, le choix délibéré de porter son activité mentale sur un objet déterminé. C'est une activité de l'esprit qui élargit la sphère des expériences et développe la capacité cérébrale. Grâce à la concentration, on peut être plus efficace dans le secteur où on l'applique, quel qu'il soit.

En Yoga, on peut pratiquer Dhāranā de différentes façons et sur plusieurs points à la fois. Dans la pratique, écoute subtile des sensations, de la respiration, de l'espace intérieur. Dans l'immobilité de l'assise, observation du fonctionnement du mental, des pensées qui passent, des espaces sans pensée.

Mais quelle que soit la qualité de cette attention, il y a le sujet, la relation et l'objet.

III.2. Tatra pratyaya-ékatānatā dhyānam.

« Dhyāna est le fait de maintenir une attention exclusive sur un seul point. »

tatra : là
pratyaya : conception, idée, objet d'expérience
ékatāna : fixé sur un seul objet, attentif exclusivement à
tā : faculté de
dhyāna : méditation, contemplation mentale

Dans la concentration, c'est le mental qui est sollicité.

Dans la méditation, c'est la conscience profonde, l'êtreté. Imaginons un faisceau de lumière qui émane de la conscience. Dans Dhāranā, il englobe le mental, il est suffisamment large pour éclairer un espace privilégié. Si la conscience s'affine et devient comme une pointe qui dirige toute sa force, toute son intensité sur un point, et si elle ne passe plus par le mental, c'est Dhyāna.

La relation entre sujet et objet n'est plus perceptible, il reste cependant la dualité : sujet/objet.

III.3. **Tad-éva-artha-mātra-nirbhāsam svarūpa-shūnyam iva samādhih.**

« Quand la conscience est en relation avec cela même qui n'a pas de forme, c'est le Samādhi. »

tad : cela
éva : même
artha : but, cause, objet, motif, cas, affaire, signification
mātra : qui a pour mesure, n'étant que
nirbhāsa : éclat, splendeur, apparition
svarūpa : forme, substance
shūnya : vide de
iva : comme si

La pointe affinée de la conscience a traversé l'objet. Elle rejoint l'infini, le sans-forme, l'Absolu. C'est le Samādhi.

Il n'y a plus sujet/objet, mais fusion. C'est l'état d'unité.

→ *Le Samyama [3 à 15].*

III.4. **Trayam ékatra samyamah.**

« L'accomplissement   des   trois   est   le
Samyama. »

traya : triade, trinité
ékatra : ensemble
samyama : maîtrise parfaite, conscience totale

Quand Dhyāna est parfaitement réalisée, c'est le
Samādhi. On est en relation directe avec ce que l'on
appréhende, sans l'intervention de la pensée, totalement et dans l'instant. Le je disparaît. On n'est plus
limité par l'activité des sens, on agit naturellement et
instantanément de façon adéquate.

Le Samyama est l'usage, la conséquence de l'état
de méditation, le comportement induit par l'état
d'unité.

III.5. Taj-jayāt prajñā-ālokah.

> « La pratique du Samyama donne l'éclat de la connaissance. »

tad : cela
jayāt : grâce à la conquête, à la victoire
prajñā : connaissance, intelligence, sagesse, jugement
āloka : vue, aspect, éclat, apparence

C'est une connaissance totale et immédiate, au-delà des sens. En présence de quelqu'un, on sait qui il est, sans avoir recours à l'expérience, trop ancrée dans le passé pour être fiable, ou à la déduction.

« La méditation n'est pas un état d'esprit, mais un état de l'être tout entier. On vit dans la méditation ou on ne vit pas en elle », dit Vimala Thakar.

III.6. Tasya bhūmīshu viniyogah.

> « Son application pratique se fait par étapes, d'un territoire conquis à un autre. »

tasya : de celui-ci
bhūmi : terre, sol, endroit, territoire, position, étendue, limite
viniyoga : méthode de travail, discipline

Ces étapes, cette gradation, évoquent le chemin spirituel sur lequel on avance pas à pas, le seul effort nécessaire étant celui de vigilance qui permet de dénouer un nœud, un autre. Une prise de conscience ouvre sur le lâcher-prise, ce qui nous encombrait nous abandonne progressivement. C'est l'image des voiles qui s'écartent, redonnant à la conscience sa clarté originelle.

→ *L'état de pure conscience.*

III.7. Trayam antar-angam pūrvébhyah.

« Ces trois aspects du Yoga sont plus intérieurs que les précédents. »

trayam : triade
antar-angam : intérieur, interne
pūrva : précédent, premier.

Yamas, Niyamas, Asana, Prānāyamā sont les
moyens pratiques. Ils constituent la voie externe
dans laquelle l'attention volontaire est encore fré-
quente. On aborde avec le Samyama la voie interne
où l'effort d'attention cède la place à l'état d'attention.

III.8. Tad api bahir-angam nir-bījasya.

« Et ceci est encore plus extérieur [que le Samādhi Nirbija]. »

tad : ceci
api : mais, tout au moins
bahir-angam : extérieur
nir-bīja : sans semence

Cette fusion n'est pas encore l'étape ultime sur la voie de la conscience. Nos actions non désintéressées ont déposé en nous des semences qui peuvent éclore dès que les circonstances s'y prêtent.

La peur de perdre, le désir de prendre, de garder, peuvent n'apparaître que dans certaines circonstances en dehors desquelles on peut s'imaginer qu'on en est libéré. Piège de l'autosatisfaction, présent sur tout chemin spirituel.

III.9. Vyutthāna-nirodha-samskārayor abhibhava-prādurbhāvau nirodha-kshana-chitta-anvayo nirodha-parināmah.

« Nirodha Parināma ou étape de la suspension, se produit ou non, selon qu'apparaissent ou s'apaisent les conditionnements que nous lègue notre passé. »

vyutthāna : réveil
nirodha : arrêt, répression, suppression
samskāra : résidu des vies antérieures, imprégnations énergétiques, mémoires, forces de l'habitude
abhibhava : disparition, suppression
prādhurbhāva : apparition
kshana : moment, instant, loisir, occasion, opportunité
chitta : conscience périphérique, mental
anvaya : suite, lieu, liaison, relation.
parināma : maturation, transformation, résultat, conséquence

« Vritti nirodhah », dit le Sutra 2 du premier livre. L'arrêt des Vrittis apaise le mental et donne un calme intérieur.

La suppression des Samskāras opère de la même façon, mais à un niveau plus profond, celui des imprégnations du corps subtil, énergétique, qui viennent des émotions, des traumatismes, non seulement dus à la vie présente, mais aussi aux vies antérieures, ou au patrimoine génétique.

Calmer les pensées automatiques est relativement facile par la pratique du Yoga, effacer les blessures de l'inconscient demande déjà une certaine transparence de la conscience périphérique pour atteindre ces couches profondes.

III.10. **Tasya prashānta-vāhitā samskārāt.**

« En fonction de l'imprégnation que laisse celui-ci [le Nirodha Parināma], le flot du mental s'apaise. »

tasya : de cela
prashānta : apaisé, tranquillisé, calmé, éteint, évanoui, disparu
vāhitā : flot, flux
samskāra : trace du passé au niveau énergétique

Bénéfices secondaires des imprégnations positives qui s'opposent à la formation d'autres traces, plus gênantes ou douloureuses. Déjà au Sutra 50 du livre I, il était ainsi question de l'imprégnation due au Samādhi.

III.11. Sarvārthatā-ékāgratayoh kshaya-udayau chittasya samādhi-parināmah.

« A ce stade de l'évolution de la conscience, que l'on appelle Samādhi Parināma, ce ne sont encore que des moments d'attention exclusive. »

sarva : tout
artha : but, cause, fait, réalité
ékāgrata : attention exclusive
kshaya : diminution, ruine, perte
udaya : apparition, production, succès
chitta : conscience périphérique, mental

Ce n'est pas encore le Samādhi sans graines. Les graines du passé peuvent encore germer et entraîner la conscience dans les automatismes, dans la dispersion.

III.12. **Tatah punah shānta-uditau tulya-pra-tyayau chittasya ékāgratā-parināmah.**

« Dans la phase d'évolution que l'on appelle Ekāgrata Parināma, il y a alternance égale d'activité et d'apaisement de la conscience face à l'objet d'expérience. »

tatah : alors
punah : encore
shānta : calmé, apaisé
udita : accru, produit
tulya : égal, équivalent
pratyaya : champ, objet d'expérience
chitta : mental

Rien n'est encore définitif. La méditation n'est pas encore totalement état de méditation. Il y a des reprises de l'activité du mental.

→ *L'évolution de la conscience donne accès aux Siddhis.*

III.13. **Eténa bhūta-indriyéshu dharma-lakshana-avasthā-parināma vyākhyātāh.**

« Cela explique les modifications intrinsèques qui se manifestent au niveau de la nature profonde et des organes sensoriels. »

éténa : par, au moyen de cela
bhūta : éléments naturels
indriya : organes des sens
dharma : ordre, nature d'une chose, qualité fondamentale
lakshana : marque, signe, attribut
avasthā : état, condition, espèce
parināma : changement, modification
vyākhyāta : expliqué

Quand le niveau de conscience se modifie, la perception du monde également, en harmonie avec la conscience.

III.14. Shānta-udita-avyapadéshya-dharma-anu-pātī dharmī.

« Tout objet se fonde sur l'Etreté, qu'elle soit manifeste ou non. »

shānta : apaisé
udita : accru, produit
avyapadéshya : non manifesté
dharma : qualité fondamentale, essentielle
anupāti : qui découle de, se fonde sur
dharmin : porteur des qualités fondamentales

III.15. Krama-anyatvam parināma-anyatvé hétuh.

« La diversité des lois naturelles est cause de la diversité dans le changement. »

krama : démarche, chemin, ordre, devenir, destin, succession
anyatva : différence, diversité
parināma : modification
hétu : cause

Tout change, à chaque instant. Comme il est vain de vouloir que les choses durent !

→ *Les Siddhis.*

III.16. Parināma-traya-samyamād atīta-anāgata-jnānam.

> « Grâce au Samyama, on a la connaissance du passé et du futur. »

parināma : transformation
traya : triade
atīta : passé
anagāta : futur
jnāna : connaissance

A ce stade d'évolution de la conscience, on transcende la perception normale du temps, linéaire, et limité à notre vie terrestre.

Certaines images mentales qui nous viennent parfois, spontanément, et qui s'inscrivent dans un autre environnement que celui de notre vie présente, nous donnent un éclairage ponctuel sur les mémoires du passé, créant un pont sur l'infini. Nous avons alors le sentiment d'appartenir à l'univers, à cette conscience-énergie sans commencement ni fin.

III.17. Shabda-artha-pratyayānam itaretara-adhyāsāt-san-karas tat-pravibhāga-samyamāt sarva-bhūta-ruta-jnānam.

« Il y a confusion entre le mot, la chose et l'idée qu'on s'en fait, car on les prend l'un pour l'autre.

Grâce au Samyama, on comprend le langage de tous les êtres. »

shabda : mot
artha : but, cause, objet, réalité
pratyaya : idée, opinion
itaretara : l'un l'autre, réciproque
adhyāsa : superposition
san-kara : mélange, confusion
tat : ceux-ci
pravibhāga : séparation, division, partie
sarva : tout
bhūta : être
ruta : cri, son
jnāna : connaissance

On peut entendre que ce Sutra exprime un pouvoir : celui de comprendre les langues inconnues, l'exemple le plus connu étant celui des disciples du Christ.

A un niveau plus quotidien, comprendre ce que dit l'autre, dans la même langue, mais au travers du sens différent que chacun donne aux mots, à partir de sa propre histoire, de sa subjectivité, et malgré les réactions que provoquent les mots, précisément, voilà déjà quelque chose d'extraordinairement difficile, et y parvenir relève du « Siddhi ».

III.18. **Samskāra-sākshāt-karanāt   pūrva-jāti-jnānam.**

« Par la vision claire des imprégnations latentes en nous, on a la connaissance des vies antérieures. »

samskāra : mémoire énergétique, imprégnation
sākshāt : de ses yeux, évidemment, réellement
karana : accomplissement, acte, moyen
pūrva : ancien, antérieur
jāti : naissance
jnāna : connaissance

Qui n'a pas dans sa vie reconnu un lieu où il est certain de n'être jamais venu ? Cela peut rester à l'état d'impression fugitive, ou constituer un fil d'Ariane dans les dédales de la vie actuelle, si ces impressions répondent à des schémas de comportement que l'on décèle en soi, ou à des visions qui se forment au cours de méditations.

Grâce au Samyama, ce ne sont plus des pièces de puzzle éparses, c'est la connaissance des différentes existences.

III.19. **Pratyayasya para-chitta-jnānam.**

« On connaît les pensées des autres. »

pratyaya : idée, opinion
para : différent, étranger
chitta : conscience
jnāna : connaissance

Etre suffisamment désencombré de son ego pour écouter l'autre de l'intérieur, et ses pensées, ses sentiments deviennent évidents.

III.20. **Na cha tat-sālambanam tasya a-vishayī-bhūtatvāt.**

« Mais on ne connaît pas le Centre : l'essence de l'être ne peut être objet d'investigation. »

na cha : mais pas
tat : de cela
sālambana : point d'appui, contenu
tasya : de celle-ci (la conscience profonde)
a- : négation
vishaya : objet, champ d'action
bhūtatvāt : en raison de la vraie nature de l'être

III.21. **Kāya-rūpa-samyamāt tad-grāhya-shakti-stambhé chakshuh-prakāsha-asamprayogé antar-dhānam.**

« Par le Samyama sur l'apparence formelle du corps, on le rend invisible en supprimant la faculté d'être vu grâce à la dissociation de la lumière qu'il réfléchit et de l'œil qui le regarde. »

kāya : corps
rūpa : forme
samyamāt : par le samyama
tad : cela
grāhya : qu'on doit ou peut saisir, considérer, admettre, tenir
shakti : faculté, pouvoir
stambha : suspension, arrêt
chakshuh : œil
prakāsha : lumière
asamprayoga : sans contact
antar-dhāna : invisibilité, disparition

De façon plus ordinaire, grâce à une bonne concentration énergétique, on peut attirer l'attention, ou passer inaperçu, permettre la communication au niveau des vibrations ou la rendre impossible.

III.22. **Eténa shabda-ādy antar-dhānam uktam.**

« Ce qui précède explique que l'on puisse
supprimer le son et les autres manifestations
corporelles. »

éténa : par cela
shabda : mot, son
ādi : et autres
antardhāna : invisibilité, disparition
ukta : ce qui a été dit, prononcé

**III.23. Sa-upakramam nir-upakramam cha kar-
ma   tat-samyamād   aparānta-jnānam
arishtébhyo vā.**

« Le Karma peut être proche de son terme,
ou non. On connaît le moment de la mort
grâce au Samyama exercé sur cela ou grâce
à l'étude des signes, des présages. »

sa : avec
upakramam : approche, arrivée, procédé
nir- : sans
cha : et
karma : acte, sujétion aux actes et à leurs conséquences
    inéluctables, destinée
tat : cela
aparānta : fin ultime
jnāna : connaissance
arishta : signe, présage
vā : ou bien

Sutra qui reprend et complète ceux qui parlent de la
connaissance du temps, au-delà de la façon habi-
tuelle de l'appréhender.

Si on connaît le passé, le futur, les vies antérieures,
comment ne pas connaître l'heure de la mort ?

III.24. **Maïtry-ādishu balāni.**

> « Samyama sur la bienveillance et les autres qualités du cœur développe les pouvoirs correspondants. »

maïtri : bienveillance, amitié, sympathie, chaleur humaine
ādi : les autres
balāni : les pouvoirs

Le rayonnement d'un cœur chaleureux attire la sympathie, crée une dynamique de vibrations positives, et devient source d'influence sur l'entourage.

III.25. **Baléshu hasti-bala-ādīni.**

> « Grâce aux pouvoirs du Samyama, le sage est fort comme un éléphant. »

bala : force
hasti : éléphant
ādi : et autres

Merveilleux exemple du style imagé de Patanjali. En Inde, l'éléphant est une figure symbolique très riche : symbole de la puissance royale qui donne la paix et la prospérité, il est aussi symbole de l'immutabilité, de la connaissance. C'est le manifesté et le non-manifesté, l'alpha et l'oméga. Il évoque l'éveil. Sa force est donc celle de la connaissance.

III.26. Pravritty-āloka-nyāsāt sūkshma-vyavahi- ta-viprakrishta-jnānam.

« En dirigeant le regard intérieur vers le Centre, on connaît l'invisible, l'inaccessi- ble. »

pravritti : origine, activité, pratique, progrès, sort, desti- née
āloka : fait de regarder, vue, éclat
nyāsa : fait de placer, de confier
sūkshma : fin, subtil
vyavahita : interrompu, séparé, invisible
viprakrishta : retiré, emmené, éloigné
jnāna : connaissance

Le Samyama sur l'écoute intérieure donne accès à la perception subtile. On transcende les possibilités des sens, on va au-delà du corps physique, matériel.

Les trois Sutras qui suivent donnent comme exemple de cette connaissance globale, immédiate, totale, la perception du cosmos.

III.27. Bhuvana-jnānam sūryé samyamāt.

« Samyama sur le soleil donne la connais- sance de l'univers. »

bhuvana : être vivant, humain, humanité, univers
jnāna : connaissance
sūrya : soleil

III.28. **Chandré tārā-vyūha-jnānam.**

« Samyama sur la lune permet de connaître
l'ordre cosmique. »

chandra : la lune
tārā : les étoiles
vyūha : fait de se déplacer séparément, distribution,
    forme, foule
jnāna : connaissance

III.29. **Dhruvé tad-gati-jnānam.**

« Samyama sur l'étoile polaire permet de
connaître le cours des planètes. »

dhruva : étoile polaire
tad : cela
gati : marche, allure
jnāna : connaissance

III.30. Nābhi-chakré kāya-vyūha-jnānam.

« Samyama sur le chakra du nombril donne la connaissance de la physiologie du corps. »

nābhi : nombril
chakra : centre d'une roue, mouvement circulaire, centre d'énergie dans le corps subtil
kāya : corps
vyūha : distribution, forme
jnāna : connaissance

Nous sommes un microcosme, à l'image du macrocosme qu'est l'univers. Samyama nous en donne une connaissance intérieure parfaite, grâce à la connaissance des Chakras, centres importants sur le tracé de l'énergie qui circule en nous dans des canaux spécifiques appelés Nadis : Mūlādhāra, dans la zone racine ; Svādhisthāna, à la base de la colonne vertébrale ; Manipūra, littéralement le joyau dans la cité ; Anāhata, qui préside à l'ouverture, à la purification du cœur ; Vishuddha, qui libère l'énergie de la parole ; Ajnā qui donne une vision claire, et enfin Sahasrāra, le lotus aux mille pétales, dont l'ouverture permet l'état d'unité.

III.31. **Kantha-kūpé kshut-pipāsā-nivrittih.**

« Par le Samyama sur le fond de la gorge, on supprime la faim et la soif. »

kantha : cou, gorge, voix, son
kūpa : puits, fontaine, grotte, fond
kshudh : faim
pipāsa : soif
nivritti : retour, cessation, disparition

La fontaine de la gorge, dit Patanjali, de façon imagée, parlant de la faim et de la soif, au sens propre et au sens figuré.

Il évoque ici le travail de l'ascèse, inhérent à tout travail de Yoga, qui va dans le sens de la réduction des désirs et des besoins physiques. Vivre Bramacharya, la modération, sans qu'il en coûte, parce que associée à Samtocha, le contentement de ce que l'on a.

III.32. Kūrma-nādyām sthaïryam.

« Sur la Kūrma Nādi, on obtient la stabilité. »

kūrma : tortue
nādi : conduit, canal, courant d'énergie, voie où circule le souffle vital : Prana
sthaïrya : fermeté, solidité, stabilité

La difficulté ici est la traduction de Kūrma Nādi, que certains situent au niveau des bronches, d'autres à l'endroit où se pose le menton sur la poitrine quand on fait Jalandhara Bandha. Cela n'est pas contradictoire si on considère qu'il s'agit d'un courant d'énergie dans lequel circule Prana, le souffle vital. Il a donc un trajet et non un point fixe.

III.33. Mūrdha-jyothishi siddha-darshanam.

« Sur Sahasrāra, on obtient la vision spirituelle des êtres réalisés. »

mūrdha : tête, crâne, sommet
jyotis : lumière, clarté, lueur
siddha : être réalisé, semi-divin doué des Siddhis
darshana : vision, point de vue

III.34. Prātibhād vā sarvam.

« Cette omniscience peut exister également
grâce à une intuition naturelle. »

prātibha : intuition
vā : ou bien
sarvam : tout

Rappel des deux voies que Patanjali développe au
livre I : la voie de la pratique et de l'effort dans
laquelle, par l'exercice du Samyama sur les différents centres d'énergie, on atteint la connaissance ;
et celle de la grâce où tout est donné à qui sait
recevoir.

III.35. Hridayé chitta-samvit.

« Par Samyama sur le cœur, on a la connaissance parfaite du mental. »

hridaya : cœur, pensée, esprit
chitta : mental
samvid : connaissance totale

La voie du cœur est inséparable de la voie de la
connaissance.

III.36. Sattva-purushayor atyanta-samkīrnayoh pratyaya-avishésho bhogah para-arthāt sva-artha-samyamāt purusha-jnānam.

« L'expérience sensible, tournée vers l'extérieur, ne distingue pas l'objet et le sujet, et
confond complètement le Purusha et le Sattva. Si on l'oriente vers l'intérieur, grâce au
Samyama, on connaît le Soi. »

sattva : la plus haute des trois qualités que comporte la
nature d'un être ; état de pureté, de lumière et d'équilibre énergétique
purusha : principe universel, atman
atyanta : constant, ininterrompu, entier
samkīrna : mélangé, confus, mixte
pratyaya : champ, objet d'expérience
avishésha : non-distinction, discrimination
bhoga : perception, jouissance, emploi
para : vers l'extérieur
artha : but, orientation
sva : soi-même
jnāna : connaissance

Le monde sensible se résume dans le couple
Purusha/Prakriti, l'esprit et la matière.
   Sattva est une qualité de la matière, Purusha est le
souffle préexistant, l'énergie indifférenciée. Confon-
dre les deux, c'est être dans l'Avidya, inconnaissance
liée à la matérialité. Connaître Purusha, le Soi,
l'Esprit, le Noūs des Grecs, c'est transcender la
condition humaine, s'ouvrir au divin, à l'absolu.

III.37. Tatah prātibha-shrāvana-védana-ādarsha-āsvāda-vartā jayanté.

« De là naissent les facultés subtiles au niveau de l'audition, de la perception, de la vision, du goût et de la sensation. »

tatah : de là, grâce à cela
prātibha : intuition, connaissance
shrāvana : enseigné dans les Védas, qu'on peut ou doit entendre
védana : perception, sensation
ādarsha : fait de voir, miroir
āsvāda : goût
vartā : odorat
jayanté : naissent

III.38. **Té samādhāv upasargā vyutthāné sid-
dhayah.**

« Ces perceptions para-normales sont des
obstacles dans la voie du Samādhi quand
leurs pouvoirs s'écartent du Centre. »

té : ceux-ci
upasargā : malheur, mal
vyutthāna : fait de s'écarter
siddhayas : pouvoirs

On se trouve alors en effet sur la voie de la
découverte des forces occultes dans la nature, voie
qui s'écarte de la découverte spirituelle du Soi. On
est sur le plan de la magie et non de la sagesse.
Utiliser ces pouvoirs, c'est devenir important, renforcer son ego.
    Cela va à l'encontre de la libération.

III.39. Bandha-kārana-shaïtilyāt prachāra-sam-védanāch cha chittasya parasharīra-āvé-shah.

« Quand on se libère des lois de causalité et qu'on a la connaissance des fonctionnements du mental, la " possession " d'autrui devient possible. »

bandha : lien, attache, chaîne, relation, fait de ne pas avoir atteint la libération

kārana : cause, motif, raison, cause première

shaïtilya : relâchement, diminution

prachāra : manifestation, apparition

samvédana : connaissance

cha : et

chitta : mental

para : extérieur

sharīra : corps

āvésha : fait d'entrer, de s'emparer, dévouement, possession maléfique

Mise en garde contre les pouvoirs occultes qui sont à l'inverse de la finalité du Yoga.

Plus « normal », mais tout aussi contraire à la voie du Samadhi, le pouvoir de mettre les gens sous influence quand on a soi-même la force psychique que donne une concentration parfaite.

Là est toute la différence entre un fondateur de secte qui utilise sa force mentale à son profit, et le véritable « Guru », ou simplement l'enseignant de Yoga, qui laisse une entière liberté à son élève et se contente de créer les conditions d'écoute dans lesquelles ce dernier va se découvrir et se connaître.

III.40. Udāna-jayāj jala-panka-kantaka-ādishv a-sanga ut-krāntish cha.

« Grâce à la maîtrise de l'Udāna, on peut s'élever au-dessus de l'eau, de la boue et des épines, et ne pas en être affecté. »

udāna : souffle (d'expiration qui monte vers le haut)
jayā : victoire, conquête
jala : eau, liquide
panka : boue, fange, pâte, masse
kantaka ādi-cha : épine
a-sanga : non touché, non affecté
utkrānti : fait de se lever, lévitation
cha : et

Le Yoga distingue cinq souffles : Prāna, Apāna, Samāna, Udāna et Vyāna. La maîtrise de chacun d'eux donne des résultats particuliers. Udāna étant un expir dirigé vers le haut permettrait la lévitation attestée depuis toujours au nombre des pouvoirs.

Enfin, et surtout, par la pratique de la respiration, on peut s'élever au-dessus de ses problèmes, soucis, et difficultés, et retrouver la sérénité d'un mental apaisé.

III.41. **Samāna-jayāj jvalanam.**

« La maîtrise de Samāna provoque le rayonnement du corps. »

samāna : le souffle qui active la digestion
jayā : conquête, victoire
jvalana : flamboiement, rayonnement

III.42. **Shrota-ākāshayoh sambandha-samyamād divyam shrotram.**

« En établissant, grâce au Samyama, une
relation entre l'espace et l'ouïe, celle-ci
devient supranormale. »

shrotra : oreille, ouïe
ākāsha : ciel, espace, éther
sambandha : relation
divya : divin

Nous percevons au-delà du monde physique, sensible. Accès au monde intérieur et à l'infini.

III.43. Kāya-ākāshayoh   sambandha-samyamā laghu-tūla-samāpattesh   cha   ākāsha-gamanam.

> « Le Samyama sur la relation entre le corps et l'espace et un sentiment d'osmose avec la légèreté (celle du coton, par exemple) permettent de se déplacer dans l'espace. »

kāya : le corps
ākāsha : l'espace
sambandha : relation
laghu : léger, rapide, facile, libre
tūla : touffe d'herbe, de coton
samāpatti : relation totale, osmose
cha : et
gamana : fait de se déplacer

Une image, celle de la fleur de coton qui vole dans les champs. Pour les Indiens, elle doit être aussi évocatrice que, pour nous, les flocons de neige.

III.44. **Bahir akalpitā vrittir mahā-vidéhā tatah prakāsha-āvarana-kshayah.**

« Quand on est libre de la sujétion du corps, on dissipe ce qui cache la lumière. »

bahih : extérieur
akalpita : non fait, formé, conçu
vritti : mouvement, agitation
mahā : grand
vidéha : privé de corps
tatah : de cela
prakāsha : espace
āvarana : qui couvre, cache
kshaya : disparition, perte

III.45. **Sthūla-svarūpa-sūkshma-anvaya-artha-vattva-samyamād bhūta-jayah.**

« On obtient la maîtrise des cinq éléments en faisant Samyama sur le but, la fonction et la relation entre leur apparence grossière, leur forme et leur essence subtile. »

sthūla : massif, épais, large, grand, rude, grossier
svarūpa : forme
sūkshma : menu, délié, mince, subtil
anvaya : lien, relation
arthavattva : but, fonction
bhūta : les cinq éléments
jaya : maîtrise

III.46. Tato (a)nima-ādi-prādurbhāvah kāya-sampat tad-dharma-anabhighātash cha.

« Grâce à cela, on acquiert la manifestation de pouvoirs tels que celui de réduire le corps à la dimension d'un atome, de le rendre parfait et incorruptible. »

tatah : en raison de cela
animan : atome, Siddhi par lequel on se rend aussi petit qu'un atome
ādi : et ainsi de suite
prādurbhāva : manifestation, apparition
kāya : le corps
sampad : réussite, succès, réalisation, perfection
tad : ceci
dharma : loi, fonction, attribut
an-abhighāta : indestructibilité
cha : et

Maîtrisant les sens, agissant sur les éléments constitutifs, on peut agir sur la forme matérialisée.

III.47. Rūpa-lāvanya-bala-vajra-samhananat-vāni kāya-sampat.

« Un corps parfait a la beauté, le charme, la vigueur et l'invulnérabilité du diamant. »

rūpa : forme, beauté
lāvanya : goût du sel, charme, beauté
bala : force, puissance, vigueur, énergie
vajra : foudre, arme magique, diamant
samhanana : dureté, fermeté
kāya : corps
sampad : réussite, perfection

III.48. Grahana-svarūpa-asmitā-anvaya-artha-vattva-samyamād indriya-jayah.

« Grâce au Samyama sur leur pouvoir de perception, leur substance propre, le sentiment d'exister qu'ils procurent et la relation entre ces caractéristiques et leur fonction, on obtient la maîtrise des sens. »

grahana : perception
svarūpa : forme propre
asmitā : sens de l'ego, du je
anvaya : lien, relation
arthavattva : but, relation
indriya : organes des sens
jaya : maîtrise

Au Sutra 37, Patanjali nous parlait des facultés sensorielles supranormales.

Avoir la maîtrise des sens, c'est ne pas jouer à l'apprenti sorcier, savoir ce que l'on fait.

III.49. Tato mano-javitvam vikarana-bhāvah pradhāna-jayash cha.

« Grâce à cela, on peut se déplacer comme la pensée, sans véhicule corporel, et on connaît alors la nature et le sens de l'univers. »

tatah : grâce à
manas : l'intellect
javitva : faculté de se déplacer
vikarana : sans moyen, sans corps
bhāva : existence, état, nature
pradhāna : support et cause de l'univers
jaya : maîtrise
cha : et

III.50. Sattva-purusha-anyatā-khyāti-mātrasya sarvabhāva-adhishthātritvam sarvajnā-tritvam cha.

« Connaître seulement la différence entre la guna Sattva et le principe absolu suffit à donner le pouvoir sur toutes les manifestations et la connaissance de toute chose. »

sattva : guna de l'équilibre, de l'harmonie, de la lumière
purusha : principe absolu
anyatā : différence
khyāti : idée, nom, célébrité
mātra : seulement
sarvabhāva : tout ce qui existe
adhishthātritva : fait d'avoir la puissance, la suprématie
sarvajnātritva : fait d'avoir l'omniscience
cha : et

L'état d'unité passe par la discrimination. Il est nécessaire de séparer ce qui est distinct pour trouver l'unité au-delà des contraires.

Patanjali nous a déjà parlé de la discrimination, mais il revient sur les sujets importants, de façon cyclique, typiquement indienne. Pensée en spirale (tout comme l'énergie elle-même) qui revient plusieurs fois au centre, pour élargir la vision sur un même thème, pour ajouter une nuance.

→ *Le détachement suprême conduit à la liberté.*

III.51. Tad-vaïragyād api dosha-bīja-kshayé kaïvalyam.

« Se détacher de tous ces pouvoirs mène à la
suprême Liberté, quand toute semence d'erreur a été détruite. »

tad : cela
vaïrāgya : détachement, total lâcher-prise
api : même
dosha : vice, faute, erreur, crime
bīja : graine, semence
kshaya : destruction, perte
kaïvalya : suprême liberté

III.52. **Sthāny-upanimantrané   sanga-smaya-akaranam punar anishta-prasangāt.**

> « Il convient d'éviter l'orgueil et l'impor-
> tance que l'on pourrait accorder à ce que
> nous donnent ainsi les dieux. »

sthāni : instances, autorités suprêmes, les dieux
upanimantrana : invite, tentation
sanga : attachement
smaya : sourire, étonnement, orgueil, haute opinion que
   l'on a de soi-même
a-karana : refus
punah : encore, à nouveau
an-ishta : non désiré
prasanga : attachement

Ces pouvoirs sont l'occasion d'un nouvel attachement, qu'il faut savoir lâcher, pour vivre au niveau
de l'être et non de l'avoir.

    Lâcher ce qui attache, ce qui immobilise, ce qui
empêche de glisser avec le mouvement même de la
vie.

III.53. Kshana-tat-kramayoh samyamād vivéka-jam jnānam.

> « Par le Samyama sur le temps et la marche du temps, on a la connaissance née de la discrimination. »

kshana : moment, instant, temps
tat : cela
krama : marche, cours, succession
vivéka : discernement
ja : né de
jnāna : connaissance

III.54. Jāti-lakshana-déshaïr anyatā-anavacché-dāt tulayos tatah pratipattih.

> « Cette faculté de discrimination permet de connaître deux choses identiques qu'on ne peut pas distinguer par l'observation ordinaire portant sur le caractère distinctif et la localisation. »

jāti : naissance, espèce, caractère spécifique
lakshana : marque, signe, attribut
désha : lieu, endroit
anyatā : autrement
an-avacchéda : non-distinction
tulya : égal, identique, similaire
tatah : grâce à cela
pratipatti : perception, observation

III.55. **Tārakam sarva-vishayam sarvathā-vis-hayam a-kramam cha iti vivéka-jam jnā-nam.**

« La connaissance née de la discrimination est intemporelle, totale, et induit la délivrance. »

tāraka : qui fait traverser, sauve, délivre
sarva-vishaya : toute chose
a-krama : intemporel
cha : et
iti : ainsi
vivéka : discrimination
ja : né de
jnāna : connaissance

III.56. **Sattva-purushayoh shuddhi-sāmyé kaïva-lyam.**

« Quand la Guna Sattva est aussi pure que Purusha, le principe absolu, c'est la liberté suprême. »

sattva : guna de l'équilibre, de la lumière, de l'harmonie
purusha : le principe absolu
shuddi : pur
sāmya : égal
kaïvalya : délivrance, totale liberté, êtreté

Quand la matière est purifiée, elle ne fait plus obstacle à l'énergie, à la conscience, au Soi.

KAĪVALYA PĀDA

Après avoir exposé, de façon détaillée, les pouvoirs qui sont la conséquence naturelle de la pratique de Yoga, mais non le but recherché, le livre III s'achevait sur la nécessité absolue de renoncer à ces pouvoirs.
Seul cet ultime renoncement permet de connaître Kaïvalya, la délivrance des vicissitudes de la condition humaine, la suprême liberté.

De la dualité à l'unité : dans ce quatrième chapitre des Sutras, Patanjali, fidèle à sa pédagogie, reprend les thèmes déjà exposés pour les approfondir encore, les parfaire comme un diamantaire revient de façon de plus en plus précise sur la taille d'une pierre précieuse.

IV.1. **Janma-oshadhi-mantra-tapah-samādhi-jāh siddhayah.**

« Les pouvoirs sont innés, ou engendrés par l'utilisation de plantes, de mantras, ou par la pratique du Yoga et du Samadhi. »

janman : naissance, origine, existence
oshadi : plante médicinale
mantra : formule magique
tapas : pratique assidue du Yoga
samadhi : état de fusion
ja : né de
siddhi : pouvoir

Les pouvoirs ne sont pas dus uniquement à la pratique du Yoga et ils n'en sont précisément pas le but.

On ne pratique pas pour obtenir la puissance, mais pour s'affranchir de l'insatisfaction de la condition humaine. Sutra de transition qui ouvre le dernier chapitre.

→ *La loi de cause à effet : le Karma ou la dualité.*

IV.2. Jāty-antara-parināmah-prakrity-āpūrāt.

« La renaissance dans une forme d'existence différente est une modification due à l'exubérance des forces de la Nature. »

jāti : naissance, forme d'existence, famille, caste
antara : intérieur, proche
parināma : modification, transformation
prakriti : Nature, manifestation
āpūra : abondance, excès

La force de vie de l'énergie entrée en manifestation, intégrée dans la matière, nous conduit à des réactions émotionnelles, à des actes non désintéressés, qui produisent des imprégnations polluantes, des graines, prêtes à germer dès que les conditions le permettent.

D'autres vies sont alors nécessaires pour se désencombrer.

IV.3. Nimittan a-prayojakam prakritīnām varana-bhédas tu tatah kshétrika-vat.

« Comme le paysan rompt la digue qui empêche l'eau de s'écouler sur ses terres, l'élimination des obstacles est à l'origine de toute transformation. »

nimitta : marque, signe, augure, but
a-prayojaka : non produisant, causant, conduisant à
prakriti : (au pluriel) éléments constitutifs de la nature
varana : obstacle
bhéda : fait de briser, de rompre
tu : mais
tatah : alors
kshétrika : paysan
vat : à la manière de

Le paysan qui rompt la digue de terre permet à l'eau de s'écouler à nouveau et de nourrir ses récoltes. Façon imagée de dire : créons les conditions, et la transformation intérieure se fera, tout naturellement.

Le volontarisme est inutile, le lâcher-prise essentiel. Mais on ne peut lâcher que ce que l'on a. De même que la digue a joué son rôle, de même, construire son ego est une étape nécessaire dans le processus de transformation.

Vient ensuite le moment de l'éliminer. En calmant l'agitation du mental, en éliminant les imprégnations énergétiques qui nous encombrent, on permet à l'énergie de vie de circuler en nous, librement, comme l'eau de la rivière.

IV.4. **Nirmāna-chittāny asmitā-mātrāt.**

> « Les différents états de conscience ne sont
> rien d'autre que création de l'ego. »

nirmāna : mesurage, création, formation
chittāni : (pl. de *chitta*) : états de conscience, variations
   du mental
asmitā : sens du je, ego
mātra : rien que, seulement

La conscience profonde ou Drashtar, est immuable.
Nos changements intérieurs sont liés à l'émotionnel,
à l'imaginaire, aux mémoires du passé, à tout ce qui
concerne l'ego.

IV.5. Pravritti-bhédé prayojakam chittam ékam an-ékéshām.

« Dans ces modifications de l'activité mentale, un seul état de conscience en entraîne d'innombrables. »

pravritti : mouvement, activité
bhéda : rupture, modification
prayojaka : cause, motif, occasion
chitta : mental
éka : seul
an-éka : innombrable

Réactions en chaîne, à partir d'une émotion, d'une idée, d'une croyance.

Nous sommes soumis à l'interaction des Gunas, qui provoque nos réactions multiples, nos changements d'humeur incessants.

IV.6. **Tatra dhyāna-jam an-āshayam.**

« L'état de conscience qui naît de la méditation est libre de constructions mentales. »

tatra : là
dhyāna : état de méditation
ja : né de
an- : négation
āshaya : sans base, sans intention

Il ne repose pas sur l'ego, avec ses strates de
schémas, d'habitudes, de peurs, de défenses et de
désirs.

Il ne conditionne pas le futur en semant des
graines susceptibles de donner des fruits quand les
circonstances le permettent.

« Seule la douleur à venir peut être évitée », et
seul l'état de méditation permet l'acte juste, adéquat, qui ne sème pas la souffrance.

IV.7. Karma ashukla-akrishnam yoginas trividham itarésham.

« Le Karma du Yogi n'est ni blanc ni noir, celui des autres est mélangé. »

karma : sujétion aux actes et à leurs conséquences
an- : ni... ni
ashukla : brillant, pur, immaculé, blanc
krishna : noir
trvidha : triple, mélangé
itara : autre

L'acte juste reste neutre. Il ne charge pas le Karma, ni favorablement ni défavorablement.

IV.8. **Tatah tad-vipāka-anugunānām éva abhi-vyaktir vāsanānām.**

« Car nous sommes influencés par nos souvenirs subconscients liés à des imprégnations antérieures. »

tatah : alors
tad : ceci
vipāka : maturation, résultat
anuguna : qui a les qualités correspondantes, conforme à, lié à
éva : seulement
abhivyakti : apparition, manifestation
vāsanā : trace parfumée, imprégnation mentale, souvenir subconscient dû à des impressions antérieures

Nous sommes en partie déterminés par notre passé et nous préparons le futur.

Le libre arbitre serait-il donc de devenir conscients de nos conditionnements, afin de nous en affranchir ?

IV.9. Jāti-désha-kāla-vyavahitānām apy ānanta-ryam smriti-samskārayor éka-rūpa-tvāt.

« Les impressions latentes et la mémoire ont un fonctionnement similaire, même si elles s'expriment différemment selon le lieu et le moment. »

jāti : naissance
désha : lieu
kāla : moment, temps, époque
vyavahita : séparé, divisé
api : même
ānantarya : proximité, conformité
smriti : mémoire
samskāra : impression latente
éka : un
rūpa : forme
-tvāt : en raison de

Fonctionnement basé sur les automatismes. Ils s'opposent à la spontanéité de la vie qui demande des réponses neuves, adaptées à la situation du moment, et non des schémas figés.

IV.10. Tāsām anāditvam cha āshisho nitya-tvāt.

> « Il n'y a pas de commencement à leur existence car leur besoin de se manifester est là, depuis toujours. »

ta : elle, celle-ci
anāditva : sans commencement
cha : et
āshis : désir, besoin de se manifester
nitya : éternité, pérennité
-tvāt : en raison de

La roue du Karma est sans fin, alimentée par nos désirs et nos besoins, sans cesse renaissants.

IV.11. Hétu-phala-āshraya-ālambanaïh samgri-
hīta-tvād éshām abhāvé tad-abhāvad.

« Parce qu'elles sont liées à la cause et à
l'effet du terrain qui les nourrit, quand ces
derniers disparaissent, ces latences disparaissent également. »

hétu : cause, motif
phala : fruit, effet, résultat
āshraya : point d'appui, support
ālambana : base, terrain
samgrihīta : fait d'être lié ensemble
ésha : celui-ci
tad : cela
a-bhāva : disparition

Elles sont liées à cet instinct de vie que porte en elle
la manifestation, ou Prakriti, mêlées indissociable-
ment à la méconnaissance de la réalité qui fausse nos
actions et perpétue le Karma.

Si le mental se calme, si son agitation ne voile plus
ce qui, en nous, peut accéder à la vision de la réalité,
alors ces latences, qui prennent racine dans nos
désirs et dans notre aveuglement, disparaissent.

IV.12. Atīta-anāgatam svarūpato (a)sty adhva-bhédād dharmānām.

« Le temps existe en raison de sa nature propre, en relation avec la différence des chemins et de leurs caractéristiques. »

atīta : passé, écoulé, mort
anāgata : non encore arrivé, futur
svarūpa : sa nature propre
asti : est, existe
adhva : chemin, trajet, distance
bhéda : rupture, division, différence
dharma : ordre, droit, loi, trait caractéristique

La loi du Karma est liée au temps réel, passé et futur. Et le Dharma, qui est l'ordre cosmique, est aussi l'ordre de tout destin personnel. Chacun se doit de trouver et d'accomplir son Svadharma.

La *Bhagavad -Gītā* dit : « Mieux vaut pour chacun sa propre loi d'action [Svadharma], même imparfaite, que la loi d'autrui, même bien appliquée. Mieux vaut périr dans sa propre loi ! Il est périlleux de suivre la loi d'autrui. »

IV.13. **Té vyakta-sūkshmā guna-ātmānah.**

« Ces phénomènes, manifestés ou subtils, sont de la nature des Gunas. »

té : ils
vyakta : manifeste, évident
sūkshma : subtil
guna : qualité essentielle
ātman : êtreté

Donc de la manifestation, de la Prakriti.

→ *Transition : ce qui vient d'être dit concerne la manifestation.*

IV.14. **Parināma-ékatvād vastu-tattvam.**

« Toute chose porte en soi le principe unique, en raison de l'unicité du changement. »

parināma : changement, modification
ékatva : unicité, union, identité
vastu : ce qui existe, chose réelle
tattva : principe d'une chose, réalité ultime, être suprême

Selon le principe de l'interaction des trois Gunas, à tout instant.

→ *De la dualité à l'unité.*

IV.15. Vastu-sāmyé chitta-bhédāt tayor vibhak-tah pantāh.

> « Deux choses étant semblables, c'est à cause des différents états de conscience qu'on les perçoit différemment. »

vastu : objet, chose
sāmya : égalité, identité
chitta : mental
bhéda : différence
tayos : vient de *sā :* les deux
vibaktha : séparé, distinct
pantha : chemin, sentier

La réalité est une, mais nous la vivons dans la dualité.

IV.16. Na cha éka-chitta-tantram vastu tad apramānakam tadā kim syāt.

> « Un objet n'est pas l'œuvre du seul mental. Si c'était le cas, que deviendrait-il quand il n'est pas perçu ? »

na : ne
cha : et
éka : un
chitta : mental
tantra : continuité, succession, théorie, ouvrage
vastu : chose, objet
tad : cela
a-pramānaka : non perçu, non reconnu
tadā : alors, dans ce cas
kim : quoi ?
syāt : serait

Traces des polémiques en vigueur à l'époque où écrit Patanjali sur la réalité objective du monde concret.

Selon le Samkya, le monde est réel (et non pas illusoire comme il l'est pour le Védanta).

IV.17. Tad-uparāga-apékshitvāch chittasya vastu jnāta-ajnātam.

« Un objet est perçu ou non, selon que sa coloration répond à l'intérêt que manifeste le mental. »

tad : celui-ci
uparāga : coloration, couleur
apéksha : égard, considération, désir
chitta : mental
vastu : chose, objet
jnāta : connu
a-jnāta : non connu

Notre vision des choses est fragmentaire et sélective car elle répond à nos centres d'intérêt, d'où notre vision subjective du monde.

A l'inverse, être en relation avec la conscience profonde, « c'est être conscient de tout à chaque instant », définition que donnait Krishnamurti de la méditation.

IV.18. Sadā jnātash chitta-vrittayas tat-prabhoh purushsya aparināmitvāt.

« L'agitation du mental est toujours perçue par la conscience profonde, toute-puissante, en raison de son immuabilité. »

sadā : toujours, constamment
jnāta : connu
chitta-vrittis : perturbations du mental
tat : cela
prabhū : seigneur, maître, puissant
purusha : conscience
a-parināma : non-changement

IV.19. Na tat sva-ābhāsam drishya-tvāt.

« Le mental n'a pas d'éclat en soi puisqu'il est objet de perception. »

na : ne
tad : celui-ci
sva : soi
ābhāsa : éclat, apparence
drishya : perceptible, qui peut être vu
tvāt : cela

Le mental ne peut pas se connaître lui-même. Il est instrument et objet de connaissance, mais ce n'est pas le sujet agissant.

La connaissance mentale est limitée, elle ne peut accéder à la réalité.

IV.20. Eka-samayé cha ubhaya-anavadhāranam.

« Et il n'y a pas connaissance des deux à la
fois [de l'objet et de soi-même en tant
qu'instrument de connaissance]. Le mental,
n'étant pas conscience, ne peut se connaître
alors qu'il est tourné vers la perception
extérieure. »

éka : un
samaya : rencontre, fréquentation
éka-samayé : au même moment
cha : et
ubhaya : les deux à la fois
an-avadhārana : non-connaissance, non-conscience

IV.21. **Chitta-antara-drishyé   buddhi-buddher ati-prasangah smriti-samkarash cha.**

« Si le mental pouvait être connu par une autre intelligence plus subtile, cela créerait un excès de consciences mentales et une confusion de leurs mémoires. »

chitta : mental
antara : intérieur, différent de
drishya : qui peut être perçu, connu
buddhi : esprit, intelligence, discernement, impression juste
ati-prasanga : parole excessive, prolixité
smriti : mémoire
samkara : confusion
cha : et

La Buddhi, intelligence subtile, affinée, fait encore partie de la matière.

Seule la conscience profonde est sujet de connaissance, seul témoin silencieux de la réalité.

IV.22. Chiter a-pratisamkramāyās tad-ākāra-āpattau svabuddhi-samvédanam.

« Le mental a une connaissance parfaite de sa propre intelligence quand il ne passe pas d'un objet à un autre et qu'il rejoint la forme de la conscience profonde. »

chiti : mental
pratisamkrama : revenu, interrompu dans son cours
tad : cela
ākāra : forme, figure, aspect
āpatti : occurrence
svabuddhi : sa propre intelligence
samvédana : connaissance parfaite

Quand le mental est apaisé, il devient transparent et l'êtreté se révèle.

IV.23. Drashti-drishya-uparaktam chitta-sar-vārtham.

« Le mental coloré par le Soi devient conscience totale. »

drashtar : le Soi, celui qui voit, le témoin
drishya : ce qui peut être vu, le spectacle
uparakta : coloré, influencé par
chitta : mental
sarvartha : tout objet, universel

On retrouve l'image du diamant, développée dans le premier livre.

IV.24. Tad a-samkhyéya-vāsanābhish chitram api parārtham samhatya-kāritvāt.

« Le mental, bien qu'il soit coloré par d'innombrables imprégnations, dépend du Soi, auquel il est associé dans son activité. »

tad : cela
a-samkhyéya : innombrable
vāsanā : imprégnation d'un parfum, imprégnation mentale, souvenir subconscient
chitra : multicolore, bariolé
api : bien que
parārtha : qui dépend de quelque chose d'autre
samhatya : ayant réuni, combiné
kāri : activité

IV.25. Vishésha-darshina ātmabhāva-bhāvanā-vinivrittih.

« Pour celui qui est capable de discrimination, cessent les doutes et les interrogations sur l'existence et la nature du Soi. »

vishésha : discrimination, différence
darshin : qui voit, observe, comprend
ātmabhāva : nature de l'Atman
bhāvana : existence
vinivritti : cessation de, oisiveté

IV.26. **Tadā hi vivéka-nimnam kaïvalya-prāg-bhāram chittam.**

« Alors, en vérité, le mental orienté vers la discrimination est porté vers le détachement de tous les liens. »

tadā : alors
hi : en vérité
vivéka : discernement, discrimination
nimna : profond, bas, incliné
kaïvalya : béatitude, libération, non-dualité
prāgbhāra : porté en avant
chitta : mental

IV.27. **Tach-chidréshu pratyaya-antarāni sams-kārébhyah.**

« En raison des impressions latentes, des pensées parasites ont accès à la conscience. »

tad : celle-ci (la conscience mentale)
chidra : fente, ouverture, accès, point faible, défaut
pratyaya : croyance, opinion, idée
antara : intérieur
samskāra : latence

Elles peuvent nuire au discernement.

IV.28. Hānam éshām klésha-vad uktam.

« Celles-ci disparaissent de la même façon que les causes de la souffrance. »

hāna : ruine, destruction
eshām : de celles-ci
klésha : cause de souffrance
-vat : comme, pareil
ukta : dit, parlé

IV.29. Pra samkhyāné (a)py a-kusīdasya sarvathā vivéka-khyāter dharma-méghah samā-dhih.

« Le Samādhi Dharma-Mégha est possible si on est désintéressé dans la pratique du discernement sous tous ses aspects, même dans la méditation à son plus haut niveau. »

pra samkhya : la plus haute méditation
api : même
kusīda : prêt à intérêt, usure
sarvathā : sous tous ses aspects
vivéka : discernement
khyāti : opinion, idée

Ne rien garder pour soi, même pas la méditation et le bonheur qui en découle.

N'est-ce pas le vrai sens du mot renoncement, dans le contexte judéo-chrétien ?

IV.30. **Tatah klésha-karma-nivrittih.**

> « Grâce à cette forme de Samādhi, cessent les causes de souffrance, et le Karma. »

tatah : alors
klésha : cause de souffrance
nivritti : cessation

IV.31. **Tadā sarva-āvarana-mala-apétasya jnāna-sya ānantyāj jnéyam alpam.**

> « Alors, en regard de l'immensité de la connaissance libre de toute obscurité et de toute impureté, le domaine du savoir est insignifiant. »

tadā : alors
sarva : tout
āvarana : ce qui couvre, cache, obscurcit
mala : saleté, souillure, impureté
apéta : parti, libre de
jnāna : connaissance
ānantya : immortalité, éternité
jnéya : qu'il faut savoir connaître
alpa : petit, insignifiant

IV.32. **Tatah krita-arthānām parināma-krama-samāptir gunānām.**

> « Et le processus de transformation des Gunas arrive à son terme, leur raison d'être ayant été réalisée. »

tatah : alors
krita : fait
artha : but, raison d'être
parināma : changement, transformation
krama : par paliers
samāpti : fin, achèvement

IV.33. **Kshana-pratiyogī parināma-aparanta-nir-grāhyah kramah.**

> « Ce processus de changement, qui se fait d'instant en instant, devient perceptible quand il s'achève. »

kshana : moment, instant
pratiyogī : adversaire, rival, contraire
parināma : changement
aparanta : limite, extrémité
nirgrāhya : perceptible
krama : démarche, chemin, processus

Le travail d'érosion sur une corde est lent, et la rupture est le fait de l'instant.

La maturation d'un fruit est longue. Quand il est mûr, il se détache en un instant.

IV.34. **Purusha-artha-shūnyānām gunānām pratisavah kaïvalyam svarūpa-pratishthā vā chiti-shaktir iti.**

« La ré-absorption des Gunas, privées de leur raison d'être, par rapport au Purusha, marque l'état d'isolement de la conscience dans sa forme originelle. »

purusha : le Purusha, la conscience
artha : but, raison d'être
shūnya : vide, privé de
pratisava : ré-immersion, ré-absorption
kaïvalya : libération totale, état d'unité, isolement, détachement de tous liens
svarūpa : dans sa propre forme
pratishtha : établi, installé
vā : ou
chiti-shakti : conscience-énergie
iti : ainsi, point final

Iti : c'est ainsi ; tout a été dit.

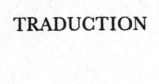

TRADUCTION

SAMĀDHI PĀDA

1. Maintenant, le Yoga va vous être enseigné, dans la continuité d'une transmission sans interruption.
2. Le Yoga est l'arrêt des perturbations du mental.
3. Alors se révèle notre Centre, établi en soi-même.
4. Dans le cas contraire, il y a identification de notre Centre avec cette agitation du mental.
5. Les modifications du mental sont au nombre de cinq, douloureuses ou non.
6. Ce sont le raisonnement juste, la pensée erronée, l'imagination, le sommeil et la mémoire.
7. Les raisonnements justes s'appuient sur la perception claire, la déduction, la référence aux textes sacrés.
8. L'erreur est une connaissance fausse parce qu'elle n'est pas en relation avec la conscience profonde.
9. L'imagination est vide de substance, car elle s'appuie sur la connaissance verbale.
10. Le sommeil est une agitation du mental, fondée sur un contenu fictif.
11. La mémoire consiste à ne pas dépouiller l'objet dont on a fait l'expérience de ce caractère d'expérience.

12. L'arrêt des perturbations du mental s'obtient par une pratique intense, dans un esprit de lâcher-prise.

13. En l'occurrence, cette pratique intense est un effort énergique pour se centrer.

14. Mais elle n'est une base solide que si elle est pratiquée avec ferveur, persévérance, de façon ininterrompue, et pendant longtemps.

15. Le lâcher-prise est induit par un état de conscience totale, qui libère du désir face au monde qui nous entoure.

16. Le plus haut degré du lâcher-prise consiste à se détacher des Gunas, grâce à la conscience du Soi.

17. Le Samādhi Samprajnāta, où la conscience est encore tournée vers l'extérieur, fait appel à la réflexion et au raisonnement. Il s'accompagne d'un sentiment de joie et de la sensation d'exister.

18. Quand cesse toute activité mentale, grâce à une pratique intense, s'établit le Samādhi Asamprajnāta, sans support. Cependant, demeurent les mémoires accumulées par le Karma.

19. De naissance, certains êtres connaissent le Samādhi ; ils sont libres des contraintes du corps physique, tout en étant incarnés.

20. Les autres le connaissent grâce à la foi, l'énergie, l'étude et la connaissance intuitive.

21. Il est accessible à ceux qui le désirent ardemment.

22. Même dans ce cas, il y a une différence, selon que la pratique est faible, moyenne, ou intense.

23. Le Samādhi peut s'établir aussi grâce à l'abandon au Seigneur.

24. Ishvara est un être particulier, qui n'est pas affecté par la souffrance, l'action et ses conséquences.

25. En lui est le germe d'une conscience sans limites.

26. Echappant à la limite du temps, il est le maître spirituel, même des anciens.

27. On le désigne par le Om.

28. La répétition de ce Mantra permet d'entrer dans sa signification.

29. Grâce à cela, la conscience périphérique s'intériorise, et les obstacles disparaissent.

30. La maladie, l'abattement, le doute, le déséquilibre mental, la paresse, l'intempérance, l'erreur de jugement, le fait de ne pas réaliser ce qu'on a projeté, ou de changer trop souvent de projet, tels sont les obstacles qui dispersent la conscience.

31. La souffrance, l'anxiété, la nervosité, une respiration accélérée accompagnent cette dispersion du mental.

32. Pour éliminer cela, il faut centrer sa pratique sur un seul principe à la fois.

33. L'amitié, la compassion, la gaieté clarifient le mental; ce comportement doit s'exercer indifféremment dans le bonheur et le malheur, vis-à-vis de ce qui nous convient, comme vis-à-vis de ce qui ne nous convient pas.

34. L'expir et la suspension de la respiration produisent les mêmes effets.

35. La stabilité du mental peut venir aussi de sa relation avec le monde sensible.

36. Ou bien de l'expérience d'un état lumineux et serein.

37. On peut également le stabiliser en le dirigeant sur un être qui connaît l'état sans désir.

38. Ou en restant vigilant au cœur même du sommeil et des rêves.

39. Ou encore, en se concentrant sur un objet qui favorise l'état de méditation.

40. La force de celui qui a expérimenté cela va de l'infiniment petit à l'infiniment grand.

41. Les fluctuations du mental étant apaisées, comme un cristal reflète le support sur lequel il est posé, le mental est en état de réceptivité parfaite, vis-à-vis du connaissant, du connu, et du moyen de connaissance. Cet état de réceptivité est Samāpatti.

42. Samāpatti Vitarka (ou réceptivité parfaite avec raisonnement) n'est pas encore dégagé des constructions mentales, liées à l'usage des mots, à leur signification et à la connaissance qui en découle.

43. Quand la mémoire est purifiée, comme vide de sa substance, le Samāpatti Nir-vitarka, sans raisonnement, nous met en relation avec l'objet lui-même, libre des connotations mentales.

44. Cet état de fusion permet alors à la conscience d'appréhender la réalité subtile des choses, avec ou sans activité mentale.

45. En atteignant la nature subtile des choses, le Samādhi participe de l'indifférencié.

46. Mais ces Samādhi eux-mêmes comportent des graines.

47. L'expérience du Samādhi sans activité conduit à un état intérieur de paix et de clarté.

48. Là est la connaissance de la réalité.

49. La connaissance qui découle de l'enseignement des textes sacrés et qui participe de la déduction logique est différente de celle du Samādhi, parce que son champ d'expérimentation est différent.

50. L'imprégnation qui résulte de ce Samādhi s'oppose à la formation d'autres types d'imprégnations.

51. Quand toutes les mémoires énergétiques sont supprimées, on atteint le Samādhi Nirbīja (sans graine).

SĀDHANA PĀDA

1. Le Kriya-Yoga (ou pratique du Yoga) se fait selon trois modalités inséparables : un effort soutenu, la conscience intérieure de soi et l'abandon à la volonté divine.

2. Le Kriya-Yoga est pratiqué en vue d'atténuer les causes de souffrance et de permettre le Samādhi.

3. Les causes de souffrance sont l'aveuglement, le sentiment de l'ego, le désir de prendre, le refus d'accepter, l'attachement à la vie.

4. L'Avidya (ou ignorance de la réalité) est à l'origine des autres causes de souffrance, qu'elles soient développées, ou en sommeil.

5. L'ignorance de la réalité, c'est prendre l'impermanent, l'impur, le malheur, ce qui n'est pas le Soi, pour le permanent, le pur, le bonheur, le Soi.

6. Le sentiment de l'ego vient de ce que l'on identifie le pouvoir de voir et ce qui est vu.

7. Le désir de prendre est lié à la mémoire du plaisir.

8. Le refus, à la peur de souffrir.

9. L'attachement, à la vie est lié au sentiment que l'on a de son importance, qui est enraciné en soi, même chez l'érudit.

10. Quand ces causes de souffrance sont légères, on peut les éliminer en les prenant à contre-courant.

11. Les perturbations mentales qu'elles entraînent peuvent être éliminées par la méditation.

12. La loi du Karma, que l'on expérimente au cours de naissances successives, trouve ses racines dans nos afflictions.

13. Tant que la racine est là, le développement des causes de souffrance se fait au cours de naissances, de vies et d'expériences différentes.

14. En raison de leur caractère juste ou non, ces expériences produisent la joie ou la peine.

15. Pour le sage, tout est douleur, parce que nous sommes soumis aux conflits nés de l'activité des Gunas, et à la douleur inhérente au changement, à l'effort, aux forces de l'habitude.

16. La douleur à venir peut et doit être évitée.

17. L'identification entre celui qui voit et ce qui est vu est la cause de cette douleur que l'on peut éviter.

18. Ce qui est vu se manifeste par l'immobilité, l'activité ou la clarté. Les éléments naturels et les organes sensoriels le composent et le révèlent. La raison de cette manifestation est d'en jouir ou de s'en libérer.

19. L'activité des Gunas se manifeste à des niveaux différents, sur des éléments grossiers ou subtils, manifestés ou non.

20. Le Drashtar (celui qui voit) est seulement faculté de voir. Bien que pur, il est témoin de ce qu'il regarde (et donc altéré par le spectacle du monde manifesté).

21. La raison d'être de ce qui est vu est seulement d'être vu.

22. Pour l'éveillé, cela devient inutile, mais continue d'exister pour ceux qui sont dans l'ignorance.

23. Le Samyoga permet de comprendre la nature propre de ces deux facultés, celle de voir et celle d'être vu.

24. La non-connaissance du réel est cause de cette confusion entre les deux.

25. Quand elle disparaît, disparaît aussi l'identification du spectateur et du spectacle. Alors le spectacle n'a plus de raison d'être ; c'est la libération du spectateur.

26. Le discernement, pratiqué de façon ininterrompue, est le moyen de mettre fin à la non-connaissance du réel.

27. La connaissance de celui qui pratique le discernement devient graduellement sans limites.

28. Quand les impuretés du mental sont détruites par la pratique du Yoga, la lumière de la connaissance donne à l'esprit ce discernement (ou discrimination).

29. L'Ashtanga Yoga, ou les huit membres du Yoga :
— Yamas : les règles de vie dans la relation aux autres ;
— Niyamas : les règles de vie dans la relation avec soi-même ;
— Asana : la posture ;
— Prānāyama : la respiration ;
— Pratyāra : l'écoute sensorielle intérieure ;
— Dhāranā : le pouvoir de concentration ;
— Dhyāna : la méditation ;
— Samādhi : l'état d'unité.

30. Les Yamas sont la non-violence, la vérité, le désintéressement, la modération, le non-désir de possessions inutiles.

31. Ils constituent une règle universelle, car ils ne dépendent ni du lieu, ni de l'époque, ni des circonstances.

32. Etre clair dans ses pensées et ses actes, être en paix avec ce que l'on vit sans désirer plus ou autre chose, pratiquer avec ardeur, apprendre à se connaître et à agir dans le mouvement de la vie, tels sont les Niyamas.

33. Quand les pensées perturbent ces attitudes, il faut laisser se manifester le contraire.

34. Ces pensées, comme la violence, qu'on la pratique, la provoque ou l'approuve, sont causées par l'impatience, la colère et l'erreur.

35. Si quelqu'un est installé dans la non-violence, autour de lui, l'hostilité disparaît.

36. Quand on est établi dans un état de vérité, l'action porte des fruits appropriés.

37. Lorsque le désir de prendre disparaît, les joyaux apparaissent.

38. Etre établi dans la modération donne une bonne énergie de vie.

39. Celui qui ne se préoccupe jamais de l'acquisition de biens inutiles connaît la signification de la vie.

40. Lorsqu'on est dans un état de pureté, on est détaché de son corps et de celui des autres.

41. Le fait d'être pur engendre la bonne humeur, la concentration d'esprit, la maîtrise des sens et la faculté d'être en relation avec la conscience profonde.

42. Se contenter de ce que l'on a constitue le plus haut degré de bonheur.

43. Grâce à une pratique soutenue, qui entraîne la

destruction de l'impureté, on améliore considérablement le fonctionnement du corps et des sens.

44. L'état d'intériorisation permet l'union totale avec la divinité d'élection.

45. Par l'abandon à Dieu, on parvient à l'état de pure conscience.

46. La posture, c'est être fermement établi dans un espace heureux.

47. Grâce à la méditation sur l'infini et au renoncement à l'effort volontariste.

48. A partir de là, on n'est plus assailli par les dilemmes et les conflits.

49. La cessation de la perturbation de la respiration caractérise le Prāṇāyāma, et intervient quand on a maîtrisé Asana.

50. Les mouvements de la respiration sont l'expir, l'inspir et la suspension. En tenant compte de l'endroit où se place la respiration, de son amplitude et de son rythme, on obtient un souffle allongé et subtil.

51. Une quatrième modalité de la respiration dépasse le plan de conscience où l'on distingue inspir et expir.

52. Alors ce qui cache la lumière se dissipe.

53. Et l'esprit devient capable des diverses formes de concentration.

54. Quand le mental n'est plus identifié avec son champ d'expérience, il y a comme une réorientation des sens vers le Soi.

55. Alors les sens sont parfaitement maîtrisés.

VIBHŪTI PĀDA

1. Dhāranā, la concentration, consiste à porter son attention vers un espace déterminé.

2. Dhyāna, la méditation, est le fait de maintenir une attention exclusive sur un seul point.

3. Quand la conscience est en relation avec Cela même qui n'a pas de forme, c'est le Samādhi.

4. L'accomplissement des trois est Samyama.

5. La pratique du Samyama donne la lumière de la connaissance.

6. Son application se fait par étapes, d'un territoire conquis à un autre.

7. Ces trois aspects du Yoga sont plus intérieurs que les précédents.

8. Mais encore plus extérieurs que le Samadhi Nirbija (sans graines).

9. Nirodha Parināma, ou étape de la suspension, se produit ou non, selon qu'apparaissent ou s'apaisent les conditionnements que nous lègue notre passé.

10. En fonction de son imprégnation, le flot du mental s'apaise.

11. A ce stade de l'évolution de la conscience, ce ne sont encore que des moments d'attention exclusive.

12. Dans la phase d'évolution que l'on appelle Ekāgrata Parināma, il y a encore alternance égale d'activité et d'apaisement de la conscience, face à l'objet d'expérience.

13. Cela explique les modifications intrinsèques, qu'elles soient essentielles ou périphériques, modifications qui se manifestent dans les éléments constitutifs et les organes des sens.

14. Toute manifestation participe de l'êtreté, que celle-ci se révèle ou non.

15. La diversité des lois naturelles est la cause de la diversité dans le changement.

16. Grâce au Samyama, on a la connaissance du passé et du futur.

17. Il y a confusion entre le mot, la chose et l'idée qu'on s'en fait, car on les prend l'un pour l'autre. Grâce au Samyama, on comprend le langage de tous les êtres vivants.

18. Par la vision claire des imprégnations latentes en nous, on a la connaissance des vies antérieures.

19. On connaît les pensées des autres.

20. Mais on ne connaît pas le Centre : l'essence de l'être ne peut être objet d'investigation.

21. Par le Samyama sur l'apparence formelle du corps, on le rend invisible en supprimant la faculté d'être vu, grâce à la dissociation de la lumière qu'il réfléchit et de l'œil qui le regarde.

22. Ce qui précède explique la suppression du son, ainsi que des autres manifestations corporelles.

23. Le Karma peut être proche de son terme ou non. On connaît le moment de la mort grâce au Samyama exercé sur cela, ou grâce à l'étude des signes et des présages.

24. Samyama sur la bienveillance développe les pouvoirs correspondants.

25. On acquiert aussi la force de l'éléphant.

26. En dirigeant le regard intérieur vers le Centre, on connaît le subtil, l'invisible, l'inaccessible.

27. Le Samyama sur le soleil donne la connaissance de l'univers.

28. Sur la lune, il permet de connaître l'ordre cosmique.

29. Sur l'étoile Polaire, le cours des planètes.

30. Sur le Chakra du nombril, la physiologie du corps.

31. Sur celui de la gorge, on supprime la faim et la soif.

32. Sur la Kūrma Nādi, on obtient la stabilité.

33. Sur Sahasrāra Chakra, la vision spirituelle des êtres réalisés.

34. Cette connaissance de toutes choses peut être aussi connaissance intuitive naturelle.

35. Par Samyama sur le cœur, on a la connaissance parfaite du mental.

36. Les sens, tournés vers l'extérieur, ne distinguent pas l'objet et le sujet, et on confond complètement le Purusha et le Sattva. Grâce au Samyama sur le Centre, on connaît le Purusha.

37. De là, naissent des facultés subtiles au niveau de l'audition, de la perception, de la vision, du goût et de la sensation.

38. Ces perceptions paranormales sont un obstacle sur la voie du Samādhi quand leur pouvoir s'écarte du Soi.

39. Quand on relâche l'attachement aux lois de causalité et qu'on a la connaissance des fonctionnements du mental, la « possession » d'autrui devient possible.

40. Grâce à la maîtrise de l'Udāna, on peut s'élever au-dessus de l'eau, de la boue et des épines, et ne pas en être affecté.

41. Grâce à la maîtrise de Samāna, on obtient le rayonnement du corps.

42. En établissant, grâce au Samyama, une relation entre le ciel et l'ouïe, celle-ci devient supranormale.

43. En établissant une relation entre le corps et l'espace et une osmose avec le léger, on peut se déplacer dans l'espace.

44. Quand on est au-delà des activités corporelles, on dissipe ce qui cache la lumière.

45. On obtient la maîtrise des cinq éléments en faisant Samyama sur le but, la fonction et la relation entre leur apparence grossière, leur forme et leur essence subtile.

46. Grâce à cela, on acquiert la manifestation de pouvoirs tels que celui de réduire le corps à la dimension d'un atome, de le rendre parfait et incorruptible.

47. Un corps parfait a la beauté, le charme, la vigueur et l'invulnérabilité du diamant.

48. Grâce au Samyama sur leur pouvoir de perception, leur substance propre, le sentiment d'exister qu'ils procurent et la relation entre ces caractéristiques et leur fonction, on obtient la maîtrise des sens.

49. Alors on peut se déplacer comme la pensée, sans véhicule corporel, et on connaît le sens de l'univers.

50. Connaître seulement la différence entre la Guna Sattva et le principe absolu suffit à donner le pouvoir

sur toutes les manifestations et la connaissance de toute chose.

51. C'est le détachement par rapport à tout cela, quand toute semence d'erreur a été détruite, qui mène à l'état d'unité.

52. Car ces pouvoirs sont l'occasion d'un nouvel attachement indésirable.

53. Par le Samyama sur le temps et la marche du temps, on a la connaissance née de la discrimination.

54. Cette faculté de discrimination permet de connaître deux choses identiques qu'on ne peut pas distinguer par l'observation ordinaire portant sur le caractère distinctif et la localisation.

55. La connaissance née de la discrimination est intemporelle, totale, et induit la délivrance.

56. Quand la Guna Sattva est aussi pure que le principe absolu, c'est l'état d'unité.

KAÏVALYA PĀDA

1. Les pouvoirs sont innés ou engendrés par l'utilisation de plantes, de mantras, par la pratique du Yoga et le Samādhi.

2. La renaissance dans une forme d'existence différente est une modification due à l'exburérance de la manifestation.

3. Comme le paysan rompt la digue qui empêche l'eau de s'écouler sur ses terres, l'élimination des obstacles est à l'origine de toute transformation.

4. Les différents états de conscience ne sont que la création de l'ego.

5. Dans la diversité des états de conscience, un seul en entraîne d'innombrables.

6. Celui qui naît de la méditation est libre des constructions mentales.

7. Le Karma du Yogi n'est ni blanc ni noir, celui des autres est mélangé.

8. Car nous sommes influencés par nos souvenirs subconscients liés à des impressions antérieures.

9. Les impressions latentes et la mémoire ont un

fonctionnement similaire, même s'il s'exprime différemment selon le lieu et le moment.

10. Il n'y a pas de commencement à leur existence car leur besoin de se manifester est là, depuis toujours.

11. Parce qu'elles sont liées à la cause et à l'effet du terrain qui les nourrit, quand ces derniers disparaissent, ces latences disparaissent également.

12. Le temps existe dans sa nature propre en raison de la différence des chemins et de leurs caractéristiques.

13. Ces phénomènes, manifestés ou subtils, sont de la nature des Gunas.

14. Mais même ce qui est changeant porte en soi le principe unique.

15. Deux choses étant semblables, c'est à cause des différents états de conscience qu'on les perçoit différemment.

16. Un objet n'est pas l'œuvre du seul mental. Si c'était le cas, que deviendrait-il, quand il n'est pas perçu ?

17. Un objet est perçu ou non, selon que sa coloration répond à l'intérêt que manifeste le mental.

18. L'agitation du mental est toujours perçue par la conscience profonde, toute-puissante, en raison de son immuabilité.

19. Le mental n'a pas d'éclat en soi, puisqu'il est l'objet de perception.

20. Et il n'a pas conscience de l'objet et de lui-même en tant qu'instrument de connaissance parce qu'ils sont confondus.

21. Si le mental pouvait être connu par une intelligence plus subtile, cela créerait un excès de consciences mentales et une confusion de leurs mémoires.

22. Le mental a une connaissance parfaite de sa propre intelligence quand il ne passe pas d'un objet à un autre et qu'il rejoint la forme de la conscience profonde.

23. Le mental coloré par le Soi devient conscience totale.

24. Le mental, bien qu'il soit coloré par d'innombrables imprégnations, dépend du Soi, auquel il est associé dans son activité.

25. Pour celui qui est capable de discrimination, cessent les doutes et les interrogations sur l'existence et la nature du Soi.

26. Alors, en vérité, le mental orienté vers la discrimination est porté vers le détachement de tous les liens.

27. Mais en raison des impressions latentes, des pensées parasites ont accès à la conscience.

28. Celles-ci disparaissent de la même façon que les causes de la souffrance.

29. Le Samādhi Dharma-Mégha est possible si on est désintéressé dans la pratique du discernement sous tous ses aspects, même dans la méditation à son plus haut niveau.

30. Grâce à cette forme de Samādhi, cessent les causes de souffrance et le Karma.

31. Et, en regard de l'immensité de la connaissance libre de toute obscurité et de toute impureté, le domaine du savoir est insignifiant.

32. Alors le processus de transformation des Gunas arrive à son terme, leur raison d'être ayant été réalisée.

33. Ce processus de changement, qui se fait d'instant en instant, devient perceptible quand il s'achève.

34. La réabsorption des Gunas, privées de leur raison d'être, par rapport au Purusha, marque l'état d'isolement de la conscience dans sa forme originelle.

TABLE

Composition IGS-CP
Impression CPI Bussière en juin 2020
Éditions Albin Michel
22, *rue Huyghens,* 75014 *Paris*
www.albin-michel.fr

ISBN : 978-2-226-05247-6
N° d'édition : 07671/21 – N° d'impression : 2051653
Dépôt légal : février 1991
Imprimé en France